混合式同伴教育

智慧互联学习新体系

石义琦　著

华南理工大学出版社
SOUTH CHINA UNIVERSITY OF TECHNOLOGY PRESS
·广州·

图书在版编目（CIP）数据

混合式同伴教育：智慧互联学习新体系/石义琦著. —广州：华南理工大学出版社，2018.4（2019.11重印）
ISBN 978-7-5623-5608-0

Ⅰ. ①混… Ⅱ. ①石… Ⅲ. ①教育学 Ⅳ. ①G40

中国版本图书馆CIP数据核字（2018）第078972号

混合式同伴教育：智慧互联学习新体系
石义琦 著

出 版 人：卢家明
出版发行：华南理工大学出版社
（广州五山华南理工大学17号楼，邮编510640）
http://www.scutpress.com.cn E-mail:scutc13@scut.edu.cn
营销部电话：020-87113487 87111048（传真）
策划编辑：何丽云
责任编辑：卜穗珍
特约编辑：王 岩
印 刷 者：虎彩印艺股份有限公司
开 本：787mm×1092mm 1/16 印张：12 字数：216千
版 次：2018年4月第1版 2019年11月第2次印刷
定 价：38.00元

序

教育进入21世纪，伴之而来的是全球教育改革进程的加速。从以教为中心向以学为中心转变的改革，发展为以知识传授为主向以发展学习者能力为主的转变，其中具代表性的是美国的21世纪能力框架和中国的核心素养框架，均将发展学生的能力（包括问题解决、合作交流、批判性思维等能力）作为教育的核心。教育范式的转变必然带来教学论的革新，各种以发展学生能力为主的教学论探究应运而生。深圳市南山区教育局教育信息中心的石义琦老师所从事的混合式同伴教育研究与实践，是支撑和适应这种新理念的重要探索。

同伴教育是一种同伴互学、相互影响的教育方式。我国春秋时期著名的大思想家、大教育家孔子的“三人行，必有我师焉；择其善者而从之，其不善者而改之”即是对同伴教育的典型论述。此外，战国时孟母三迁的故事被记入《三字经》“昔孟母，择邻处，子不学，断机杼”，晋朝文学家和哲学家傅玄在《太子少傅箴》中指出“近朱者赤，近墨者黑；声和则响清，形正则影直”，它们无一不深刻表达了同伴在教育中的重要作用。同伴教育不仅意味着同伴间知识传递或面对面的交流分享，更侧重于同伴学习、交流与分享过程中的相互影响。

随着第四次工业革命的到来，各种新兴技术不断涌现，信息技术已经渗透到社会生活的各个方面。在教育领域，一场由信息化带来的颠覆性变革正在发挥作用。互联网已经成为中小学生学习和生活不可或缺的重要媒介。在学校网站下载作业、在QQ群里讨论功课、在博客群里分享作品与同伴互评、上网搜寻学习资料等已成为中小学生学习、交流和生活的习惯。通过网络，既有利于学生之间的互相讨论、互相交流、取长补短、共同学习、共同进步，还可进一步增强学生与老师以及父母之间的理解、沟通与交流。

我国从20世纪80年代开始实施计划生育政策，现在在校中小学生或大学生基本上都是独生子女。独生子女所具有的特殊性导致人与人之间的交流和互动越来越少。这一人口学的特殊现象导致我国“同伴教育”的现状主要表现在三个方面：一是同伴教育在常规教学中认识不够，很多还只停留在“同伴学习”层面；二是由于独生子女的增多、城市生活的自我封闭，孩子们的“同伴”越来越少；三是受时间与空间的约束与限制，同伴之间的交往包括游戏活动越来越少。结合互联网的开放性、分享性、互动性，可以有效弥补目前同伴之间的自主学习、同伴分享与互动评价的局限，因此，开展智慧互联时代的混合式同伴教育的研究，具有重要的理论和实践价值。

《混合式同伴教育：智慧互联学习新体系》一书吸收了当今同伴教育研究领域的前沿成果，紧紧围绕同伴教育的内涵与特征、教育模型与关键策略、教学模式与教学因素、支撑环境与学习平台等主题系统展开，并提供了大量的一线实践案例。本书所呈现的创新观点很多，体现在：第一，通过对国内外传统同伴教育内涵的研究，结合智慧互联时代的信息传递特性，提炼出“混合式同伴教育”的定义，并深入分析了混合式同伴教育的特征。第二，根据先进的教学理论，结合混合式同伴教育的特征，提出了混合式同伴教育的三个核心环节，即自主学习、同伴分享和互动评价，并从同伴教育的环境支撑、学习方式与核心学习过程出发，建构了“混合式同伴教育模型”，即P–L–S–E模型。第三，依据“混合式同伴教育模型”，结合课堂教学理念，探索出一套同伴教育理论指导下的“课堂学习模型”，即“三学”模型。第四，围绕同伴教育的自主学习、同伴分享、互动评价三个核心环节的技术支撑与实现，设计了“同伴教育学习云平台模型”。在本书中，作者对“同伴理念的混合”“教育方式的混合”“学习方式的混合”以及“学习环境的重构”等当前热点问题，从各自独特的视角进行了精彩的阐述，使本书具有很强的时代性和可读性。

这是一部值得大家认真研读的著作，相信它能让更多的人了解智慧互联时代下混合式同伴教育的新内涵，呼唤更多的教育同行在实践中尝试混合式同伴教育，同时也为深入开展新时期同伴教育研究奠定基础。

赵建华

2018年4月

于南方科技大学

目录

第一章　智慧互联时代的教育改革　1

第一节　21 世纪的教育改革困境与挑战　1

第二节　智慧互联时代的学习:当下与趋势　5

第三节　智慧互联时代的混合式同伴教育　6

第二章　同伴教育的内涵与模型　8

第一节　同伴教育的缘起及研究现状　8

第二节　同伴教育的理论基础　12

第三节　混合式同伴教育的含义及其特征　17

第四节　混合式同伴教育模型　20

第三章　同伴学习的内涵及策略　26

第一节　同伴学习研究　26

第二节　同伴学习策略　33

第三节　同伴学习支架　36

第四章　基于同伴教育的教学　39

第一节　课堂教育教学改革的现实困境　39

第二节　基于同伴教育的课堂特征　41

第三节　基于同伴教育的课堂教学模式　45

第四节　基于同伴教育的教学策略　52

第五节　基于同伴教育的教学评价　60

目录

第五章　智慧互联的同伴教育环境　61

第一节　同伴教育学习环境　61
第二节　同伴教育学习平台　66
第三节　同伴教育学习工具　88

第六章　同伴教育实践案例　104

第一节　生生同伴的实践案例　104
第二节　师生同伴的实践案例　114
第三节　家生同伴的实践案例　158
第四节　师师同伴的实践案例　176

参考文献　183

后记　185

第一章 智慧互联时代的教育改革

世纪在变化，教育也必须变化。社会无处不在经历着深刻变革，这种形势呼吁新的教育形式，培养当今及今后社会和经济所需要的能力。

——联合国教科文组织总干事　伊琳娜·博科娃

进入21世纪，互联网的飞速发展，使得信息呈现爆发式增长，也使得知识的学习变得十分便捷而又复杂。说便捷，是因为“知识”太容易获得了，甚至不用教师教，学生只要会百度、会谷歌，就可以从互联网获取海量的知识。说复杂，是因为互联网提供的信息纷繁复杂、良莠不齐，如果没有甄别、分析和加工的能力，就会很容易迷失在信息的海洋中而收效甚微。

互联网、物联网、云计算、大数据、智能机器人、虚拟现实、人工智能、三维（3D）打印等现代信息技术正在以不可阻挡的趋势渗入教育领域，使得教学方式、学习方式甚至生活方式都发生了深刻的变革。学校已不再是一座座“象牙塔”，学习也不再是“两耳不闻窗外事，一心只读圣贤书”了；教师不再是学生获得知识的主要来源，课堂不再是学习的主要场所了；课堂、学校、教育的边界被突破了，“人人皆学、处处能学、时时可学”的学习方式正在成为现实。新型的学习方式涌现，自主、合作、跨界的学习时代来临，技术对教育的影响不再是手段和工具的替代，而是学习流程的再造，及至学习方式的再设计。

本章探讨了移动互联时代国际教育教学改革的趋势，认为混合式同伴教育已经或者应该成为一种积极的选择。

第一节　21世纪的教育改革困境与挑战

在互联时代，教育发生了深刻变革，新技术、新媒体的出现给教育教学带来了变革的可能，“一块黑板、一本教材、一支粉笔”的传统教育模式正逐渐被改变。教育改革在国内外开展得如火如荼，涌现了新的学习方式，如移动学习、泛在学习、开放学习、创客式学习、游戏化学习、个性化学习、智能学习、项目学习等，智慧互联时代的教育改革势在必行。

一、21 世纪国内外教育改革现状

新一轮科技革命和产业变革蓄势待发，深刻改变着人类的思维、生产、生活和学习方式，国际竞争日趋激烈，人才培养与争夺成为焦点，当今世界教育正在发生显著变化。培养大批创新人才，已成为人类共同面临的重大课题和应对诸多复杂挑战、实现可持续发展的关键。

从国际背景看，确保包容、公平和有质量的教育，促进全民享有终身学习机会，成为世界教育发展的新目标。以学习者为中心，注重能力培养，促进人的全面发展，全民学习、终身学习、个性学习的理念日益深入人心。

从国内形势看，虽然我国教育改革取得了显著成就，但尚不能完全适应人的全面发展和经济社会发展需要，仍存在一些突出问题，主要表现为：科学的教育理念尚未牢固确立，促进学生全面发展的育人模式与环境有待完善，产教融合、科教融合的协同培养机制尚未形成，学生创新创业能力的培养有待加强；教育发展还存在不平衡、不协调的问题，城乡、区域之间教育差距仍较大，优质教育资源总量不足、布局不合理，学前教育、职业教育、继续教育仍是教育体系中的突出短板，人才培养的类型、层次和学科专业结构与社会需求不够契合；教师队伍素质和结构不能适应提升质量与促进公平的新要求；学校办学活力不强，促进和规范社会力量参与举办教育的法律制度和政策体系亟待完善，多方参与教育治理和评价的体制机制还不健全；教育对外开放的水平不够高；教育优先发展的地位需进一步巩固。

面对国际与国内教育改革的困境与挑战，构建新的教育教学体系成了教育发展的迫切需求。

（一）课程改革

课程改革是促进教育改革与发展的重要抓手。国外的课程改革以培养能力为主线，有机地浸透知识传递。他们更加关注学生能力的发展，强调培养学生适应现代化社会所需的能力；强调课程的整合性，注重学科之间的相互融合；融质量评价标准于课程中；重视教育管理权力下放与课程评价权力的集中。近年来，我国在课程改革方面也进行了深度的探索，以知识传授为主线，试图将能力培养有机融合到知识传授过程中。自 2015 年 1 月起，我国普通高中课程方案和各科课程标准开始系统修订，这标志着我国基础教育课程改革进入了新的发展阶段——创造信息时代的新课程体系。我国于 2016 年 9 月发布的《中国学生发展核心素养》，在一定程度上为课程改革提供了必要的依据。《中国学生发展核心素养》以科学性、时代性和民族性为基本原则，以培养全面发展的人为核心，分为文化基础、自主发展、社会参与三个方面，综合表现为人文积淀、人文情怀、审美情趣、理性思维、批判质疑、勇于探究、乐学善学、勤于反思、信息意识、珍爱生命、健全人格、自我管理、社会责任、国家认同、国际理解、劳动意识、问题解决、技术运用等。

学生发展核心素养主要是指学生应具备的能够适应终身发展和社会发展需要的必备品格和关键能力。课程改革目标的更新是以学生核心素养为本的基础教育课程改革的重要组成部分，学生核心素养的具体内容是教育教学目标的具体呈现方式，是课程改革的重要依据；课程目标的更新势必引发课程内容结构的调整、课程内容的重构、课程实施方式的再设计。因此，课程的改革将迫切需要：（1）教育教学与社会、世界的连接，孩子的社会参与意识和能力才能得以发展；（2）学科与学科之间的连接，实现跨学科的整合、融合，以发展学生的综合素养；（3）学生与学生、教师、领域专家的连接，构建学生发展为本的同伴教育体系，以发展学生的关键能力。

（二）教学模式变革

信息化背景下，关于信息化教学模式的定义很多，学术界从不同的视角阐述了此定义。南国农教授认为："所谓教育信息化教学模式，就是指在现代教学思想和理论指导下，师生之间运用现代教育媒体而形成的较为稳定的教学策略、结构和程序的活动范型。"

传统的教学模式更偏向"以老师为中心、书本为中心、课堂为中心和知识为中心"，主要以教师讲授为主，知识更多地来源于课本，学生被动地接受知识。随着智能终端的不断出现，泛在学习成为可能，教学模式的改革也相继发生。例如：基于微课、MOOC、电子书包、仿真实验、增强现实、物联网、大数据、人工智能等信息技术支持下的教学模式，其更强调课堂教学的互动、学习体验，加速知识内化和问题解决，转变教学评价方式，关注学生综合能力发展，培养学生做中学、创中学。

（三）评价方式转变

《国家中长期教育改革和发展规划纲要（2010—2020年）》（以下简称《纲要》）指出："改进教育教学评价。根据培养目标和人才理念，建立科学、多样的评价标准。开展由政府、学校、家长及社会各方面参与的教育质量评价活动。"《纲要》强调学生的发展性评价和综合素质评价，评价过程贯穿学生的整个学习活动，覆盖学生在校园内外的学习活动和行动表现。

新型互联网技术，云计算、大数据、语音识别、深度学习、大数据分析等，为评价方式的多样化带来了可能，教育教学的评价方法都发生了变革。以往的教学评价主要以教师评价为主，评价内容主要是学生成绩；互联网时代的评价方式则更加多元化，基于智能终端的评价使评价的主体多样化，包括学生自评、同伴互评、教师评价等多种形式，其评价更关注于学生过程性的评价。

二、智慧互联时代教育改革的困境与挑战

"十二五"以来，特别是《教育信息化十年发展规划（2011—2020年）》发布和首次全国教育信息化工作会议召开以来，教育信息化工作坚持促进信息技术与教育教学深度融合的核心理念，坚持应用驱动、机制创新的基本方针，加强顶层设计、多方协同推进，以"三通两平台"为主要标志的各项工作取得了突破性进展。学校网络教学环境大幅改善，教育资源公共服务平台服务水平日渐提高，资源服务体系已见雏形；实施全国中小学教师信息技术应用能力提升工程，全国教师、校长和教育行政管理者的信息化意识与能力显著增强。各级各类教育信息化也都取得丰硕成果，在扩大资源覆盖面、促进教育公平和提高教育教学质量等方面涌现出一批利用信息技术解决教育改革发展问题的应用典型，教育信息化对教育改革发展的支撑引领作用日益凸显。

尽管教育信息化迎来了好的发展时期，但在教育信息化落地的过程中依然存在不少困难和挑战，主要表现如下：

（1）思想认识尚需深化，一些教育行政部门和学校仍然没有充分认识到信息技术对教育的革命性影响。

(2) 信息化与教育教学“两张皮”现象仍然存在，推进教育信息化的积极性有待提高，力度有待加大。

(3) 体制机制尚需创新，广大师生和教育管理者的应用动力有待进一步激发。

(4) 网络安全意识和防护能力尚需加强，学校网络安全事件时有发生，只管建设不顾安全、只管硬件忽视软件、只管数据采集不顾数据维护的粗放式管理模式比较普遍。

(5) 信息化建设推进进度不平衡。受制于经济社会发展水平等多种因素，信息化区域发展水平仍存在较大差异。

面对这些困难和问题，需要进一步提高认识，转变观念，齐心协力，攻坚克难。

第二节　智慧互联时代的学习：当下与趋势

新型移动终端的出现，使得学习的方式发生了翻天覆地的变化，学习者携带个人的学习环境和社交网络，移动学习根据教学内容和学习对象，面向智能终端的中小屏幕和学生的碎片时间学习特性进行教学设计，为学习者提供传统互联网所不具备的移动互联网创新教学功能。

《2017 地平线报告（基础教育版）》提到基础教育领域的六大发展动向：增加学习机会和便捷性、激励教学创新、开展实景体验学习、跟踪和评估学业进展数据、促进教学专业化、普及数字化素养，同时也强调了六大教育技术：①创客空间。“创客空间”是指为培养实践操作能力和创造能力所营造的实际环境，一般会配有各种新兴的技术。基础教育越来越关注培养和发展学生 21 世纪所需要的技能，创客空间作为重要的桥梁，为学生搭建适应全球知识经济发展的平台。②机器人。机器人技术指的是对机器人的设计和应用，即能够完成一系列活动的自动化机器。为了应对未来的不确定性，应提前为学生做好职业规划，基础教育的教育工作者利用对机器人的研究来提升学生的批判性思维和计算思维，同时在 STEM 学科及其他领域培养学生的动手实践能力。③分析技术。分析技术包括各种工具及应用程序，可将数据转化为可执行的信息。数据可以用来预测学生的成果，加强干预或调整课程，甚至制定有利于促进学生成功的新方式或策略。利用分析技术是实现最佳学习模式的关键。④虚拟现实。虚拟现实指的是在计算机生成的环境中，模拟实际存在的人或物体并获得身临其境的感官体验。⑤人工智能。在人工智能领域，计算机科学正在创造更像人类的智能机器。人工智能在教学方面的应用具有积极的影响，能够提高学生的元认知能力，为有效的教学提供见解，并能够减轻教师的繁琐工作。随着人工智能基础技术的不断发展与普及，教育工作者必须让学生接触人工智能，以应对将来工作环境的变化，同时以批判性思维解决应用人工智能所产生的伦理问题。⑥物联网。物联网由具有计算能力的处理器或内置传感器的物件组成，通过网络传递信息。随着物联网技术在教育应用的推进，学校将加强追踪学习者信息的能力，从而了解影响学生成绩的行为表现。

互联网环境下，打破学习时空的限制，混合式学习，探索信息技术支持下的翻转课堂、探究式学习、问题解决式学习、可视化学习和知识建构式学习等，使基于支持O2O模式的在线学习系统和智能学习终端开展泛在学习、体验式学习、远程协作学习、跨学科学习和项目式学习等创新型开放学习成为可能。

第三节　智慧互联时代的混合式同伴教育

互联时代，云计算、无线网络、平板电脑、触控技术、手写输入、便携移动、语音识别等新名词接踵而来。一场深刻地影响着人们生活方式、学习方式、沟通方式的革命正在悄悄降临。尤其是新媒体、新技术的长足发展，使得人们的学习方式发生了翻天覆地的变化。

新媒体是新技术支撑体系下出现的媒体形态，如数字期刊、杂志、广播等。其是利用数字技术、网络技术、移动技术，通过互联网、无线通信网等渠道向用户提供信息的传播形态和媒体形态。新媒体具有交互性、即时性、共享性、个性化等特征。智慧互联时代下的网络媒体、手机媒体、数字电视等数字化新媒体，与微信、QQ、博客、Facebook、Welink等主流网络社交平台，共同有效地推动了混合式同伴教育的发生，使混合式同伴教育的有效开展成为可能。

混合式同伴教育是在传统意义的同伴教育基础上借助智慧互联环境开展线上线下同伴教育的一种教育方式。传统意义的同伴教育都是基于年龄相仿、知识背景、兴趣爱好相近的人面对面的一种教育方式，因此就出现了“一伴”难求的现状。随着互联互通技术的发展，人与人之间的交流已经全球化、扁平化，无时空限制，因此混合式同伴教育就不再是强调年龄相仿、知识背景、兴趣爱好相近，以及面对面的交流，应该强调以同伴之间相互认可为前提，以网络平台为支撑，通过面对面交流和虚拟空间分享达到相互教育的目的，即同伴可以是生生同伴、师生同伴、家生同伴、师师同伴等同伴形式，甚至是突破教育体系的跨界同伴，方式可以是实体的面对面和虚拟的网络空间相结合。

第二章 同伴教育的内涵与模型

三人行，必有我师焉；择其善者而从之，其不善者而改之。

——孔子

人们从呱呱坠地直到成年，是一个不断“社会化”的过程。每一个人都在与之生存的自然、社会环境“互动”，以及在与他人的“交往”中不断丰富其社会属性，进而获得他人、社会、家国等价值体认和责任担当精神。“昔孟母，择邻处，子不学，断机杼”，说明一个人的学习不仅是自己的，和其周围的环境、人群以及伙伴之间关系很大。而建构主义学习理论，特别是社会建构主义，则为此提供了认知心理学的依据，强调认知过程中学习者所处社会文化历史背景的作用，强调“活动”和“社会交往”在人的高级心理机能发展中的重要作用。而随着互联网、物联网、大数据的应用，这种“互动”和“交往”的边界、深度都得到了拓展。

本章分析了同伴教育的发展脉络和理论基础，界定了混合式同伴教育的内涵和特征，构建了基于互联网的混合式同伴教育模型。

第一节　同伴教育的缘起及研究现状

一、同伴教育的缘起与发展

同伴教育作为一种同伴互学、相互影响的教育方式，最早可见于我国春秋时期著名的大思想家、大教育家孔子所提出的观点：“三人行，必有我师焉；择其善者而从之，其不善者而改之。”战国时，孟母三迁的故事被记入《三字经》：“昔孟母，择邻处，子不学，断机杼。”晋代文学家和哲学家傅玄在《太子少傅箴》中指出：“近朱者赤，近墨者黑；声和则响清，形正则影直”。这些经典语录无一不深刻表达了同伴在教育中的重要作用。18 世纪末 19 世纪初，英国人贝尔（Andrew Bell）和传教士兰卡斯特（Joseph Lancaster）采用的“导生制”教学——教师们在学生中选择一些学生，并将其培训成可以督导其他学生的“班长”，被学者们认为是最早的有系统有组织的同伴教育。此后，同伴教育迅速在全世界发展起来。在日内瓦召开的第12届世界艾滋病大会上，澳大利亚、美国、瑞士、荷兰、印度等国向全世界介绍了同伴教育在预防艾滋病领域的研究经验。同伴教育在我国真正发展起来也是源于此次世界艾滋病大会，中国红十字会为预防艾滋病而推广的艾滋病同伴教育项目，引发了一大批学者开始同伴教育的系列研究，并将这种教育方式应用于大学生、中学生、妇女、青少年、吸毒人员、流动人口等群体的艾滋病预防教育。随着研究的深入，同伴教育体系逐渐被教师、社会工作者、研究者应用到禁毒、心理健康等多个领域。如果说同伴教育在发展起初，强调的是学习者之间的同伴、艾滋病预防教育等跨领域的同伴合作，那么技术特别是互联网技术的介入，则使同伴教育突破了区域的边界，实现了主体、领域和区域的同伴合作。

二、国外研究现状

苏斯曼（Sussman，1973）认为，同伴教育是指由受过半专业训练和督导的学生，运用言语或非言语的交流方式，对需要帮助的朋辈提供倾听、支持或咨询服务。瓦伦斯特（Varenhorst，1984）认为，同伴教育是由受过训练且接受督导的学生来执行助人工作之历程，其服务对象只限于年龄相近的求助者及他人转介的当事人。邦德（Bond K & Wolf C，1998）等认为同伴教育是具有相似年龄、背景或生理、经历、体会、社会经济地位及相同性别等具有共同语言的人在一起分享信息、观念或行为技能，同伴教育者易唤起身边同伴的心灵共鸣，以实现教育目标。艾米（Amy Medley，2009）等学者认为同伴教育干预措施是指在小组中或同伴一对一的形式下与目标人群分享人口的、风险行为的艾滋病毒或艾滋病信息。弗洛拉（Flora Cornish，2009）等认为同伴教育是一种基于社区的干预措施，它涉及目标社区里的特殊成员，如性工作者、吸毒者或年轻人等，利用他们的同伴对他们进行培训，使他们得到与健康相关的信息和交往技能，促进健康行为的发生，如安全的性行为等。由于同伴教育的产生是在教育学领域，因此，目前广泛运用的定义都呈现教育视角。

三、国内研究现状

国内研究现状通过以“同伴教育”作为精确篇名，始于1998年，止于2017

年，在“中国学术期刊网络出版总库”进行文献检索，共检索到刊载的相关论文525篇。主要从研究年度的趋势、研究队伍、主要理论阵地以及研究热点对国内研究的现状进行分析。

以发表年份为自变量，以产生论文篇数为因变量，产生论文数量与时间序列的折线可以看出同伴教育研究的趋势呈曲线蜿蜒增长，特别是从2012年开始，同伴教育研究进入火热阶段，并且研究论文数迅猛增长。

若将自1998年以来每年发表论文的作者作为参与同伴教育研究的学者，则其数量很明显呈现上升的趋势，直至2016年高达149人，这也在一定程度上说明有关同伴教育的研究队伍在不断发展壮大，表明同伴教育的主题研究越来热门，同时也反映了该主题研究的价值所在。

通过对525篇论文发表的期刊进行分析，它们发表于254种学术期刊，刊文量排名前17的期刊见表2－1。这17种期刊共刊文177篇，占总论文发文量的33.71%，在一定程度上为同伴教育研究的主要理论阵地。表中期刊分两类，教育类期刊和医学类期刊。教育类期刊主要有：中国健康教育、卫生职业教育、中华护理教育、医学教育探索；医学类的期刊主要有：中国学校卫生、现代预防医学、护理研究、护理学杂志、全科护理、中国艾滋病性病、中国校医、中国药物滥用防治杂志、卫生软科学、中国药物依赖性杂志、上海预防医学杂志、护理与康复、中国性科学。医学类的期刊多于教育类的期刊。

表2－1　主要理论阵地

中国学校卫生	中国健康教育	现代预防医学	护理研究	护理学杂志	全科护理	中国艾滋病性病	中国校医	中国药物滥用防治杂志	卫生软科学	卫生职业教育	中华护理教育	中国药物依赖性杂志	上海预防医学杂志	医学教育探索	护理与康复	中国性科学
38	22	13	13	11	11	10	8	7	7	6	6	5	5	5	5	5

通过提取高频关键词方法，将525篇文献中的所有关键词合并为一列，有2156行，经统计，其中不同词的个数为895个。依据高频关键词阈值计算，即词频数为30（含）以上的为高频关键词，依据这样的标准，只有6个关键词的词

频大于30次，分别为“同伴教育”“艾滋病”“健康教育”“获得性免疫缺陷综合征”“大学生”“学生”。考虑到结果描述的代表性，提取出现频次在7次以上的高频关键词25个，其总的出现频次为909次，占关键词总频次42.16%。因此，25个高频关键词基本代表了国内同伴教育自1998年来的研究热点，如表2-2所示。

表2-2 高频关键词及其词频表

同伴教育	艾滋病	健康教育	获得性免疫缺陷综合征	大学生
434	84	60	37	36
学生	效果评价	糖尿病	自我管理	安全性行为
33	29	20	17	17
2型糖尿病	青少年	生活质量	高血压	卫生教育
16	12	11	10	9
依从性	目标人群	同伴教育模式	干预性研究	吸毒人群
9	9	9	9	8
知识	生殖健康	评价	干预	护理
8	8	8	8	8

从学术界的研究方法来看，同伴教育研究多数采用量化研究方法，质的研究很少应用。在量的方法应用中探讨同伴教育效果的持续作用，多数情况下，研究者采用非等同比较组设计，即以来自同一群体为研究对象，分为两组——干预组与内（外）对照组，对干预组进行同伴教育，开展同伴教育活动，在进行教育一段时间的基础上，进行效果追踪评价。对同伴教育通过上述研究方法可以保证研究的可比性，避免选择性因素干扰，可剔除时间、测量、观察等因素对结果的影响，从而对同伴教育的效果做出解释。

综上所述，国内外对同伴教育的研究，大多数集中在概念、特征以及在某一种活动或主题的学习中，实践研究多集中在医疗健康领域。本研究在前人研究的基础上，将问题聚焦在课堂和学习方式的变革，重点探索互联网时代下学习的新方式——同伴教育。从研究的角度来看，本书重点关注同伴教育的课堂教学模式以及在具体学科中的应用，不再是零散的学习活动的组织，而形成了具有一定科学性、可行性的与学科体系相适应的同伴教育教学模式。

第二节　同伴教育的理论基础

同伴教育是建立在一定教育理念基础之上发展起来的，特别是智慧互联时代的到来，给同伴教育注入青春活力，其理论基础更强，研究面更广，应用更深入。与同伴教育相关联的理论基础有社会学习理论、人本主义理论、社会互赖理论、角色理论、建构主义学习理论、协作学习理论和关联主义学习理论等，本节重点对相关教育理论进行简单的阐述，以帮助读者更好地理解同伴教育理论下的教育模型与教学模式等相关论述。

一、社会学习理论（social learning theory）

社会学习理论认为，人们的许多行为能够通过角色示范（modeling）来学习，当榜样与个人有较多相似性时（如年龄背景相仿），个人更容易受到榜样的正面影响（钱伯建，耿柳娜，2009）。社会学习理论认为示范是学习效果的一个重要影响因素：主体亲身观察到示范的行为后，就会效仿；但要成功地效仿，学习主体还必须有机会去实践这种行为，而且得到正强化。示范影响个体学习效果的程度依赖于模范和学习者的特征，以及学习者能体察到的模仿行为的后果，包括模范的可信度和行为的强化（Cohen，A. K，1955）。

在班杜拉的社会学习理论中，他强调观察学习是一种习得技能、信念和行为的主要途径，由注意过程、保持过程、再现过程以及动机过程四个部分组成。在班级中，同伴是学生观察学习的主要对象，学生倾向于观察并且模仿同伴榜样的行为、语言和情绪表达。同时，班杜拉还特别强调榜样的作用。常常有一些人扮演着同伴榜样的角色，当学生看到表现优异的同伴可以成为辅导者时，他们会受到强化，积极向同伴学习（吴曼曼，刘艳虹，2016）。同伴教育正是研究将人放在一个社会环境中，去自我寻求同伴，实现相互分享与评价，所达到的教育效果。

二、人本主义理论

人本主义于20世纪50～60年代在美国兴起，70～80年代迅速发展。它既反对行为主义把人等同于动物，只研究人的行为，不理解人的内在本性；又批评弗洛伊德只研究神经症和精神病人，不考察正常人心理，因而被称之为心理学的第三种运动。

人本学派强调人的尊严、价值、创造力和自我实现，把人本性的自我实现归结为潜能的发挥，而潜能是一种类似本能的性质。人本主义最大的贡献是看到了人的心理与人的本质的一致性，主张心理学必须从人的本性出发研究人的心理。

该学派的主要代表人物是马斯洛（1908—1970）和罗杰斯（1902—1987）。马斯洛的主要观点是：对人类的基本需要进行研究和分类，将之与动物的本能加以区别，提出人的需要是分层次发展的；他按照追求目标和满足对象的不同，把人的各种需要从低到高，安排在一个层次序列的系统中，最低级的需要是生理的需要，这是人所感到要优先满足的需要。罗杰斯的主要观点：在心理治疗实践和心理学理论研究中发展出人格的“自我理论”，并开创了“患者中心疗法”这一心理治疗方法。人类有一种天生的“自我实现”的动机，即一个人发展、扩充和成熟的趋力，它是一个人最大限度地实现自身各种潜能的趋向。同伴教育正是以人为本、从人本位出发的一种教育形式。

三、社会互赖理论

社会互赖理论发端于20世纪初的格式塔心理学。美国明尼苏达大学的David W. Johnson和Roger T. Johnson的社会互赖理论认为，互赖分为积极互赖、消极互赖和无互赖三种。积极互赖（合作）产生促进性互动，群体成员会产生合作；消极互赖（竞争）产生对抗性互动，群体成员会彼此不鼓励学业上的努力，而且会相互阻碍；在缺乏互赖的情况下，个人之间不会有互动，个人都是独立工作而不受干扰的（于雯，2011）。从社会互赖理论的角度来看，同伴辅导互相合作，当大家聚在一起为了一个目标的时候，这种相互依靠为个人提供了动力（吴曼曼，刘艳虹，2016）。本书中研究的同伴教育，同伴的前提是同伴之间是相互认可与相互信赖的，作者认为只有两个同伴相互信赖与认可了，才有可能开展相互分享与交流，才能实现教育的效果。

四、角色理论

“角色”本是戏剧领域词汇，指演员扮演剧中的人物。20世纪30年代，美国社会心理学家Mead将其引入社会心理学的研究中。绝大多数的角色理论专家认为，角色是个体符合社会期望实现其身份权利和义务的特殊行为模式，个人的行为从某种程度上是由个人所扮演的角色决定的（Thomas E. J，Biddle B. J.，1966）。Allen 认为，教师的角色包含知识完善、有威望等特征（Allen V. L，Feldman R. S.，1976）。当学生在充当辅导者的角色时，学生会形成对教师角色的自我认知，并按照教师这一角色所要求的行为规范去活动。学生会表现出教师的各种行为，包括表述知识的方法、回答问题的方式、口头表扬强化被辅导者等。当学生充当辅导者的角色之后，在角色特征潜移默化的影响下会改变其行为；而被辅导者在整个过程中会以辅导者为榜样，觉得经过努力就可以有辅导者现在的成绩。所以，在同伴教育情境下他们可以看到进步的希望，激发更强的学习动机（吴曼曼，刘艳虹，2016）。同伴教育中讲到的“兵教兵”就是学生在同伴中扮演“教师”的角色，实现自我知识的内化、同伴知识的认知，达到同伴教育的效果。

五、建构主义学习理论

建构主义（constructivism）是由认知主义发展而来的哲学理念，在此基础之上的学习理论与以往的行为主义的理论模式有很大的差别，它采用非客观主义的哲学立场。建构主义认为，知识不是通过教师传授得到，而是学习者在一定的情境即社会文化背景下，借助其他人（包括教师和学习伙伴）的帮助，利用必要的学习资料，通过意义建构的方式而获得。获得知识的多少取决于学习者根据自身经验去建构有关知识的意义的能力，而不取决于学习者记忆和背诵教师讲授内容的能力。

“情境”：学习环境中的情境必须有利于学生对所学内容的意义建构。这就对教学设计提出了新的要求，也就是说，在建构主义学习环境下，教学设计不仅要考虑教学目标分析，还要考虑有利于学生建构意义的情境的创设问题，并把情境创设看作是教学设计的最重要内容之一。

“协作”：协作发生在学习过程的始终。协作对学习资料的搜集与分析、假设的提出与验证、学习成果的评价直至意义的最终建构均有重要作用。

“会话”：会话是协作过程中的不可缺少的环节，学习小组成员之间必须通过会话商讨如何完成规定的学习任务的计划；此外，协作学习过程也是会话过程，在此过程中，每个学习者的思维成果（智慧）为整个学习群体所共享，因此会话是达到意义建构的重要手段之一。

“意义建构”：这是整个学习过程的最终目标。所要建构的意义是指事物的性质、规律以及事物之间的内在联系。在学习过程中帮助学生建构意义就是要帮助学生对当前学习内容所反映的事物的性质、规律以及该事物与其他事物之间的内在联系达到较深刻的理解。这种理解在大脑中的长期存储形式就是关于当前所学内容的认知结构。

用建构主义可以较好地说明人类学习过程的认知规律，即能较好地说明学习如何发生、意义如何建构、概念如何形成，以及理想的学习环境应包含哪些主要因素等，这也为同伴教育的实施指明了方向。本书中所研究的同伴教育更好地诠释了建构主义学习理念，同伴教育强调自主学习、同伴分享、互动评价，这正是环境、协作、会话与意义建构的具体化。自主学习环节需要营造好的学习环境，才有助于认识的形成；同伴分享就是强调同伴之间的协作与会话，达到知识的自我内化；互动评价就是强调意义建构，形成知识的关联与创造。

六、协作学习理论

协作学习（collaborative learning）从 20 世纪 70 年代初在美国开始兴起，并在 70 年代至 80 年代中期获得实质性进展，是一种具有实效的教学理论和策略。协作学习以小组的形式进行，小组成员之间通过对话、协商、辩论等形式实现其学习目标。和其他学习方式相比，协作学习有助于提高学习者的人际交往与沟通能力，培养学习者对小组成员个体差异的包容能力，并能树立自尊心，培养小组成员相互尊重的意识。协作学习虽然通常以小组的形式进行，但协作学习绝不等同于传统的小组学习，现代意义上的协作学习有其新的内涵和要求。美国明尼苏达大学协作学习中心的约翰逊兄弟（Johnson D. W. & Johnson R. T.）提出现代协作学习必须具备的五个因素，可以用来准确地说明现代协作学习与小组学习存在哪些不同，这些都是传统小组学习不具备的。现代协作学习的五个基本因素是：积极的互相依赖（positive interdependence）、面对面的促进互动（face-to-face promotive interaction）、个体责任（individual accountability）、社交技能（social skills）、集体加工（group processing）。我国学者曾琦认为现代合作学习的五个基本要求是：正相互依赖、个人责任、社交技能、小组自评、混合编组。

随着计算机网络的发展及其在教育教学中的应用，网络协作学习也成了一种新的协作学习的形态。网络协作学习（web-based collaborative learning，简称 WBCL）是指利用计算机网络以及多媒体等相关技术，由多个学习者针对同一个学习内容彼此交互和协作，以达到对教学内容比较深刻的理解与掌握的过程。网络协作学习也被称为基于网络环境下的协作学习，而网络是指互连起来的能独立自主的计算机集合，因此，网络协作学习（WBCL）被认为是计算机支持的协作学习（CSCL）的一个子集。

无论是传统意义的协作学习，还是计算机支持的协作学习，都为同伴教育的实施提供了理论上的依据。

七、关联主义学习理论

关联主义学习理论是乔治·西蒙斯（George Siemens）提出的一种与 21 世纪的需求相一致的学习理论。该理论考虑了学习的趋势、学习技术与网络的使用，以及不断缩减的知识半衰期。该理论还综合了许多学习理论、社会结构与技术的相关元素，创建了一种强大的、用于数字时代学习的理论观。在近 20 年中，技术已经重组了我们的生活、交流与学习方式。描述学习原理与过程的学习需求与学习理论应该能反映基本的社会环境。

关联主义是一种经由混沌、网络、复杂性与自我组织等理论探索的原理的整体。学习是一种过程，这种过程发生在模糊不清的环境中，将核心成分（部分）置于个人的控制之下。学习（被定义为动态的知识）可存在于我们自身之外（在一种组织或数据库的范围内）。我们可将学习集中在将专业知识系列地连接方面。这种连接能够使我们学到比现有的知识体系更多、更重要的东西。关联主义建立在这样一种理解上，即知识基础的迅速改变导致决策的改变。新的信息持续被获得。区分重要信息与非重要信息的能力至关重要。当新的信息改变了建立在昨天决策基础上的知识全景时，我们要有识别能力，这点同样非常重要。关联主义的核心原理是：学习与知识建立于各种观点之上；学习是一种将不同专业节点或信息源连接起来的过程；学习可能存在于非人的工具设施中；持续学习的能力比当前知识的掌握更重要；为促进持续学习，需要培养与保持各种连接；看出不同领域、理念与概念之间联系的能力至关重要；流通（精确的、最新的知识）是所有关联主义学习活动的目的；决策本身是一种学习过程。选择学习内容，根据不断变化的实际情况理解新信息的意义。随着影响决策的信息的改变，今天正确的答案到了明天就可能是错误的。

从知识观角度分析，关联主义认为，知识经历了从分类、层级到网络和生态的变革过程，知识能被描述但不能被定义。知识是一种组织，并非是一种结构。传统上，知识的组织主要采用静态的层级和结构，今天，知识的组织主要采用动态的网络和生态。我们处在网络时代，知识被众多的人创造、传播和挑战。因此，西蒙斯引入了知识流的概念，认为知识就像输油管中的石油，在网络中循环流动。知识由不同的类型组成：知道关于，知道如何做，知道成为，知道在哪里和知道怎样改变。

从学习观角度分析，关联主义认为，学习主要是一个连续的、知识网络形成的过程。结点是我们能形成外部网络的一个实体。结点可以是人、组织、图书馆、网站、杂志。我们学习的过程就是创建外部结点，我们在那里联通并形成信息源。知识不是驻留在人的大脑中，还可以驻留在非人类的器具中，驻留于网络中，并且技术能够促进学习。连通能够促使我们学得更多。如果知识像石油在管道里流动，那么管道比管道里的内容更重要。

关联主义表述了一种适应当前社会结构变化的学习模式。学习不再是内化的个人活动。当新的学习工具被使用时，人们的学习方式与学习目的也发生了变化。在认识到新的学习工具所带来的影响及学习意义的环境变化方面，教育领域已经落于人后了。关联主义提供了一些学习者在数字时代成功学习所需的学习技能与学习任务的见解。

关联主义学习理论也启示我们从互联网环境下重新审视同伴教育，进一步探讨同伴教育知识建构的过程以及学习模型的体系。

第三节　混合式同伴教育的含义及其特征

一、同伴教育的内涵

早在我国春秋时期，著名的大思想家、大教育家孔子在一定程度上就在践行同伴教育这种教育形式。18 世纪末 19 世纪初，英国人贝尔（Andrew Bell）和传教士兰卡斯特（Joseph Lancaster）采用的“导生制”教学，被学者们认为是最早的有系统有组织的同伴教育。此后，在同伴教育的发展过程中常常出现一系列相互混淆的概念，即同伴学习、同伴教学法、同伴教育等等，其实这些概念既有联系，又有本质区别。

同伴学习是指通过“同伴”积极主动的协作和帮助来获得或者巩固掌握某种知识、技能的一种学习活动。这只是知识与技能层面的一种学习活动。后来美国哈佛大学物理系埃里克·马祖尔（Eric Mazur）教授结合自己的教学提出一个新概念——同伴教学法。同伴教学法是使用专门设计的用于揭示学生错误概念和引导学生深入探究的概念测试题，借助计算机应答交换系统或选项卡片，引导学生参与教学过程，改变传统单一的讲授为基于概念的自主学习和合作探究，有效地改变了传统课堂教学手段，构建一种学生自主学习、合作学习、生生互动、师生互动的创新教学模式。这种教学方法强调了学生在自主学习过程中生成认识冲突，再开展合作学习、生生与师生互动来解决问题，从而达到内化知识的效果。同伴教学法是一种基于课堂教学为主体的教学方法。例如：蒋晓（1986）认为同伴教学是指学生充当教师的角色，通过培训，在教师的指导下开展与相同或相似年级水平的学生的同伴学习活动，提高教学效果。

同伴教育产生于教育学领域，它从理论上包含上述两个概念的核心思想，既有学习行为活动的发生，也有教学方法的指导。其实同伴教育应该是一种教育形态，因此，目前广泛运用的定义都呈现教育视角。吕姿之和高源（1999）认为同伴教育是指具有相同年龄、性别、生活环境和经历、文化和社会地位或由于某些原因使其具有共同语言的人在一起分享信息、观念、行为技能的教育形式。从同伴教育含义和特征讨论的文献资料来看，学术界在此问题上基本达成共识，采用的都是相似的定义和特征描述，只是在具体的表述和侧重点上略有不同。

综上所述，笔者认为，对于同伴教育的内涵，需要从两个方面来理解：（1）“同伴”的内涵，这是同伴教育的核心问题。一般认为同伴是指“具有相同年龄、性别、生活环境和经历、文化和社会地位或由于某些原因使其具有共同语言的人”。（2）同伴教育的方式，合作与对话是主要的活动方式。同伴教育不是两个或者更多人在一起就能产生教育的意义，而是在合作和对话的关系中实现伙伴式成长。也就是说，同伴教育是合作、分享的平等关系，可以是同伴之间因各自擅长和优势的领域相互指导，但一定不是某一人或一方的“话语霸权式”教育。

当然，笔者认为，关于智慧互联时代同伴教育的上述两个内涵也有了新的认知：

（1）关于“同伴”。目前的研究大多强调同伴是“相同年龄、性别、生活环境和经历、文化和社会地位”，但笔者认为，在智慧互联时代，学习的伙伴不再受年龄、地域、经历、历史文化背景和社会地位限制，跨界、跨年龄、跨区域的合作和分享变得更加迫切和可能。同伴关系的建立核心是“同伴相互认同”，与年龄、性别、地位和环境相仿性关系不大。只有同伴相互认可了，才能更好地开展同伴之间的学习、分享与互动，从而实现同伴之间相互影响、相互教育的目的。

（2）关于同伴互动的方式。传统研究大多基于线下的互动方式，但在互联时代，知识的半衰期也缩短了，人们的分享与互动更加方便了，传统意义上的线下面对面式的同伴教育机会越来越少，创造条件与机会越来越难。技术的发展，特别是物联网和大数据技术的应用，将会大大增强同伴互动和合作的广度、深度。

基于上述理解，笔者试着为智慧互联时代的同伴教育下这样的定义：同伴教育是指建立在相互认同感的社会关系主体之间，通过线上线下共同分享信息、知识和观念，相互传递思想、情感，以唤起感情上的共鸣，促进社会规范在个体身上内化、达到相互感染而奋发向上的一种教育方式。为了与传统意义的同伴教育有所区别，本书采用一个新概念——混合式同伴教育。

二、同伴教育特征

迈克（Michael Shiner，1999）认为，同伴教育应侧重同伴干预以体现其作用所在，并应该包括以下三个特征：由同伴组成、干预的目标和方法是工作所预期的、干预中的同伴关联种类（同伴关联用来描述同伴教育者角色的定义）。特纳（Tuner G.，1999）等学者同样认为同伴教育的基本原理并不清晰，但是以下十点可以用于定义同伴教育：①同伴教育比其他方法成本效益更好。②同伴是可靠的信息源。③同伴教育会为参与者增能。④同伴教育利用已有的分享信息和建议的方法。⑤同伴比专家更能够传递信息，因为人们通常与他们的同伴一起辨认信息。⑥同伴教育者通常担任积极的模范角色。⑦同伴教育让提供同伴教育者受益。⑧同伴提供的教育是可接受的而其他的教育则不可以。⑨同伴教育能够被用于传统教育方法难以接触的人群。⑩同伴们通过持续的交往、接触加强学习。

综合上述观点并结合时代背景，笔者认为智慧互联时代的同伴教育的特征为：

（1）同伴组建自主。不仅仅是传统意义的年龄相仿、知识背景相近、认知水平相同的人群才是同伴，应该打破这些局限，只要是自主选择的相互认同的人在一起都可以成为同伴，即学生与学生同伴、老师与学生同伴、家长与学生同伴，甚至可以是社会人员与学生都可以成为同伴，是广义的同伴。这样才可以实现不分级教学、引进社会资源进校园等教育行为的开展。

（2）教育方式混合。通过网络学习平台打破传统单一的面对面式的同伴教育，实现虚实结合式的同伴教育，既需要面对面的交流，同时更需要突破时空的网络分享与互动，解决同伴之间的时空限制、学习深度思考的时间需求，因为面对面交流，深度学习时间无法保证，空间无法统一等。

（3）学习方式重构，即正式学习与非正式学习。正式学习是以课程、任务、研讨会等形式展开的教学活动，非正式学习是包括信息和内容在内的一切事物，会议、书籍、网站等等，或者是非正式的人与人的交流，例如交谈、讨论、会议等等，几乎是在不知不觉中，你都能在任何地方向任何东西学习。

（4）组织方式灵活。在智慧互联时代，网络技术的发展，使得同伴教育的形式与手段多样化，人们可以使用手机、网络电视、博客、微信等新媒体进行同伴间的学习，同时也打破了正式学习的组织形式。同伴教育下的组织方式由自发与外因引导而形成。

（5）教育内容多元化。不再像传统的教育以教师讲授书本知识为主，同伴教育环境下，游戏、小组讨论、角色扮演、情境训练等教育方式成为可能。

（6）关注个性发展。教育大数据以及学习分析技术的兴起，使得在同伴教育中践行个性化教育成为可能。

（7）注重参与体验。同伴教育更加强调营造一定的学习情境，在做中学，拓展了学生参与和体验的维度。

（8）滋生创新意识萌芽。同伴在分享与互动过程中，相互激励，氛围放松，更有利于创新意识的萌芽。

第四节　混合式同伴教育模型

“模型”最早应该是一个制造业的名词，主要意义是通过主观意识借助实体或者虚拟表现构成客观、阐述形态结构的一种表达目的的物件。模型是处于理论和实践经验之间的中介，是沟通理论与实践的桥梁。广义上来说，如果一件事物能随着另一件事物的改变而改变，那么此事物就是另一件事物的模型。模型的作用就是表达不同概念的性质，一个概念可以使很多模型发生不同程度的改变，但只要很少模型就能表达出一个概念的性质，所以一个概念可以通过参考不同的模型从而改变性质的表达形式。当模型与事物发生联系时会产生一个具有性质的框架，此性质决定模型怎样随事物变化。

当教育研究者将“模型”一词引入教育领域后，就出现了“学习模型”“教学模型”或“课堂模型”等一大批概念。今天主要讨论同伴教育的学习模型，所谓“学习模型”就是一种描述学生学习过程的流程图或结构图。基于不同的教育理论和学习理论，会有不同的学习模型。学习模型必须要简洁明了，能够如实、深刻地解释学习现象的发生、发展机制和过程。同伴教育的学习模型，就是依据同伴教育理论和相关的学习理论，构建的同伴教育的发生、发展机制和学习过程的一个简洁明了的符号体系，以方便学习活动的开展。

一、混合式同伴教育模型

同伴教育模型是指在一定学习环境设计理论与实践框架指导下，为达成一定的学习目标而构建的学习活动结构和学习方式。同伴教育的基本模型主要有 3 个核心环节，分别是自主学习、同伴分享与互动评价。实际上，多数同伴教育的典型模式都是由这三个核心环节组合、进化与演变而形成的。

基于网络的混合式同伴教育是指利用计算机网络以及工具或平台等相关技术，建立同伴教育环境，使教师与学生、学生与学生，以及家长与学生，甚至社会群体与学生针对同一学习内容或主题开展自主学习、成果分享、同伴互动与评价，以达到对教学内容比较深刻的理解与掌握的过程。网络环境下，同伴教育打破了时间与空间的束缚、年龄与知识的界限，更好地发挥了学习者之间的协作性与影响力。同伴教育的核心是让学习者借助“分享与评价”去完成某项学习任务，它可以是解决某个问题，也可以是专题研究，还可以是个案设计。网络环境下同伴教育典型的学习模式，最常见的有以下几种：

（1）基于项目的同伴教育，是同伴教育的一种具体学习方式。这种方式重点放在学生解决问题和完成项目任务的概念和原则上，同时允许学习者自己构造自己的知识库，并和其他同伴进行分享交流与互动评价，产生同伴知识建构。

（2）基于网络专题的同伴教育，是指为了达到特定的学习目标，利用计算机网络以及多媒体等相关技术建立同伴教育环境，同伴之间围绕专题内容完成相应学习任务及其所有操作的总和。基于网络专题的同伴教育活动的特点是：学习内容专题化、学习环境网络化、学习方式协作化。

（3）基于问题的同伴教育。这种方式对于促进学生开展各种高级认知活动和提高学生解决与处理问题的能力具有明显的作用。这种学习方式强调把学习设置到复杂的、有意义的问题情境中，通过让同伴合作解决问题，在同伴的互助下学习隐含于问题背后的科学知识。

无论采取哪种方式开展同伴教育，均可以概括为如图2－1所示的同伴教育模型（P－L－S－E模型）。P－L－S－E模型是代表混合式同伴教育的四个核心关键词，即同伴（peer）、学习（learning）、分享（share）、评价（evaluate）。学习、分享与评价也是同伴教育的三个核心环节，是同伴教育理念指导下的课堂教学模式依据。

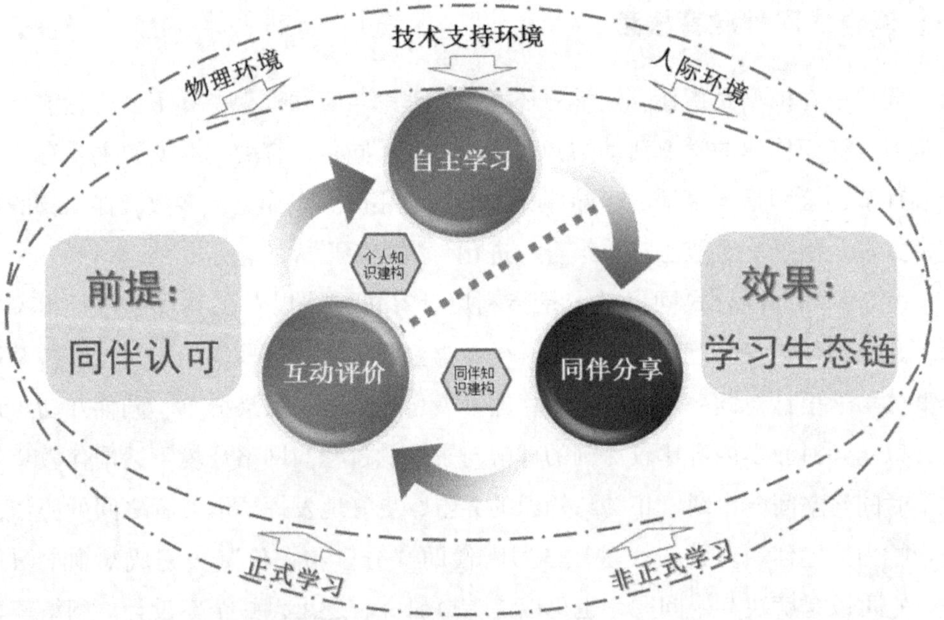

图2－1　混合式同伴教育模型（P－L－S－E模型）

该混合式同伴教育模型从三个层面进行描述：同伴教育的环境支撑、学习方式与核心学习过程。

1. 混合式同伴教育模型概念注释

混合式同伴教育，一方面是指同伴理念的混合，另一方面是教育方式的混合，以及学习方式的混合。同伴理念的混合，是指不仅仅是传统意义的年龄相仿、知识背景相近、认知水平相同的人群才是同伴，应该是打破这些局限，只要是相互认同的人在一起都可以成为同伴，即学生与学生同伴、老师与学生同伴、家长与学生同伴，甚至可以是社会人员与学生都可以成为同伴，是广义的同伴，这样才可以实现不分级教学、引进社会资源进校园等教育行为的开展。教育方式的混合，是指通过网络学习平台打破传统单一的面对面式的同伴教育，实现虚实结合式同伴教育，既需要面对面的交流，同时更需要突破时空的网络分享与互动，解决同伴之间的时空限制、学习深度思考的时间需求，因为面对面交流存在深度学习时间无法保证、空间无法统一等问题。学习方式的混合，即正式学习与非正式学习，正式学习是以课程、任务、研讨会等形式展开的教学活动，非正式学习是包括信息和内容在内的一切事物，会议、书籍、网站等等，或者是非正式的人与人的交流，例如交谈、讨论、会议等等。几乎是在不知不觉中，你都在任何地方向任何东西学习。

2. 混合式同伴教育模型“三环节”解读

同伴教育的前提是自主选择相互认可的人作为自己的同伴组成一个学习体，并不是外界人为的小组组合。这个学习体在一个有利于混合式同伴教育开展的环境下，通过正式学习或非正式学习的方式，开展同伴教育核心“三环节”，即自主学习、同伴分享、互动评价，最终让每一个个体自我形成一个学习生态链。自主学习是知识认知建构的过程，同伴分享是知识内化再现的过程，互动评价是对同伴分享的学习成果进行再学习再内化的过程，这样的“学习—内化—再学习—再内化”构成了一个学习封闭环，即形成“学习生态链”。学习个体在自主学习与互动评价环节实现“个体知识建构”，在同伴分享与互动评价环节实现“同伴知识建构”。混合式同伴教育主要是依托信息化平台，改变传统的面对面式的同伴教育方式，突破时空限制，实现无处不在的同伴教育。

下面简单介绍混合式同伴教育核心“三环节”借助网络平台的实现形式。

（1）自主学习。利用网络平台可以为学习者提供丰富的学习资源，改变学习者的认知方式，促进个性化自学与深层次拓学，并能使学习者进行个性化选择，也能实现角色化推送。

（2）同伴分享。网络提供人性化的交流平台，改变了同伴之间的教育关系，为孩子们搭建展示的舞台与交流的空间。纵向学习过程数据分享，即通过一个学习平台记录学生个人的成长学习数据，如利用博客记录一个学生从一年级到六年级的所有学习作品；横向学习主题数据交流，即通过一个学习平台分享同伴之间的同一主题作品，如利用论坛平台分享全班同学的同一次作文等。

（3）互动评价。网络提供了多元化的评价工具，改变了学习者的学习形态，让学习者即时体验自我实现与知识的内化。

二、同伴教育理念指导下的学习模型

前面谈到混合式同伴教育模型核心是“三环节”，即自主学习、同伴分享、互动评价，最终让每位学习者自我形成一个“学习生态链”。但如何利用这一套混合式同伴教育模型来指导我们的课堂，即在混合式同伴教育理念指导下如何实现课堂的重构，这就需要我们来思考同伴教育理念指导下的学习模型的建构。

混合式同伴教育理念下的课堂，通常把它概述成五大要素（见图2－2）：以建构一个同伴教育生态为中心，教师、学生、教材、媒介与环境五要素相互交错，共同发展。传统的课堂包含四要素：以学生为中心，教师、教材与媒介为学生学习服务（见图2－3）。混合式同伴教育课堂与传统课堂关键差别如下：

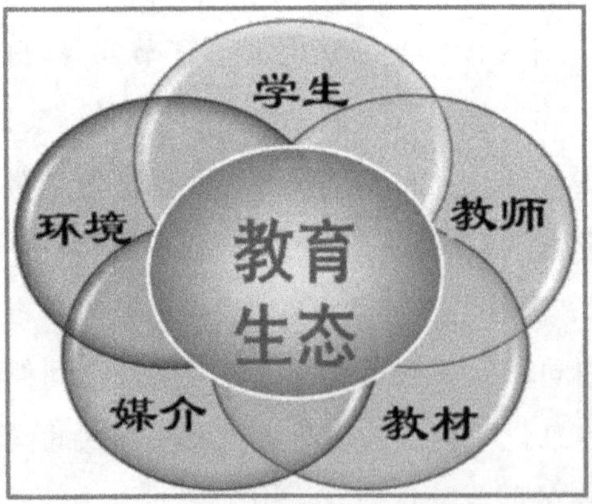

图2－2　混合式同伴教育课堂“五要素”

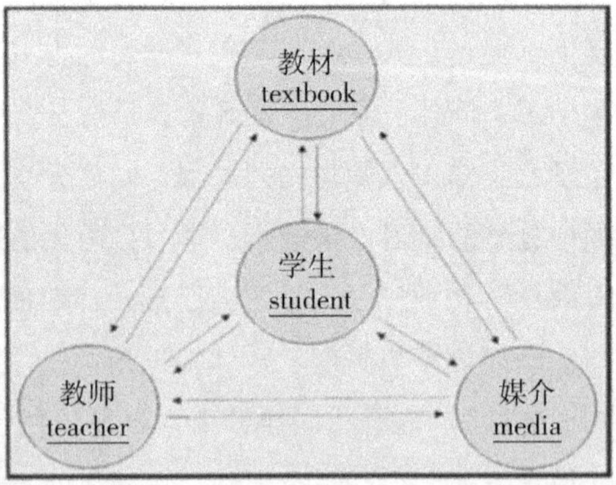

图2－3　传统课堂“四要素”

混合式同伴教育课堂强调建构一种教育生态，即五要素之间是相互关联、相互推进的，强调任何一个环节都需要相互支撑；而传统课堂强调以学生为中心，体现一切为学生服务的理念。

混合式同伴教育课堂比传统课堂增加了一个环境，强调了环境在教育中的渲染和铺垫作用，让学生在开展任何学习活动之间，从心理和生理上都有前期的准备，以及给学习带来便捷等。

根据混合式同伴教育核心“三环节”，即自主学习、同伴分享与互动评价，结合混合式同伴教育课堂“五要素”，即教师、学生、教材、媒介与环境，在同伴教育支撑的教育理论基础上建构混合式同伴教育理念下的学习模型，即课前自学、课中互学、课后展学，简称“三学”模型。

同伴教育理念指导下的学习模型是指在个人网络知识空间支撑下，学生与学生、学生与教师、学生与家长，以及学生与社会人员根据自身需要和认同感选择成员建立同伴；在学习全过程中（课前、课中与课后），通过不同的学习任务，以正式学习和非正式学习的形式，开展生生之间的自学、互学与展学，师生、家生或社会人员之间开展助学、导学与研学（见图2－4）。

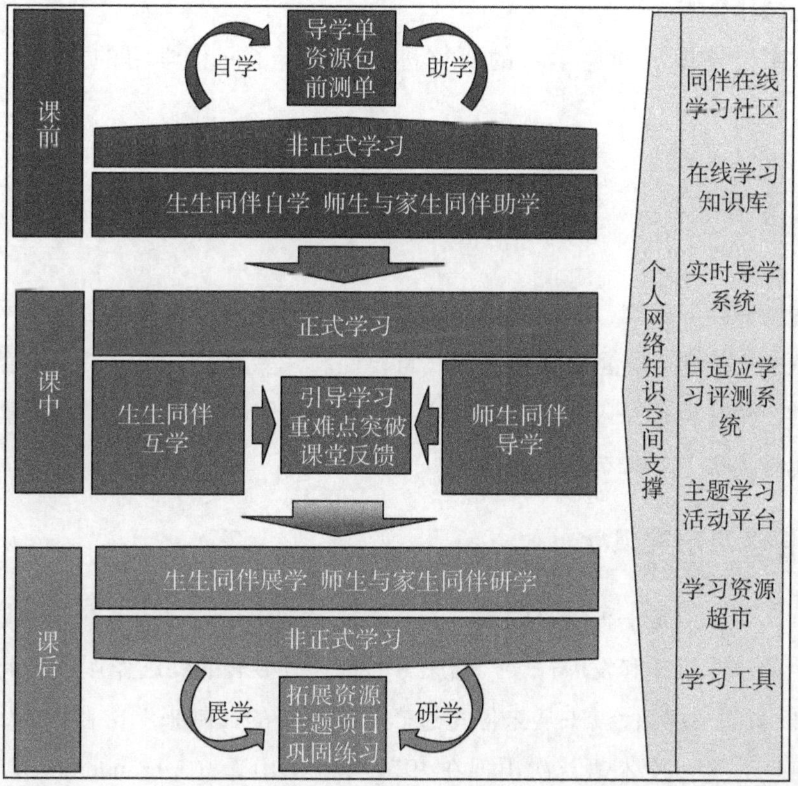

图2－4　同伴教育理念指导下的学习模型

第三章 同伴学习的内涵及策略

既要使人明白，自己便自然而然得格外明白了。

——陶行知

教是为了不教。任何一种教育形态，归根到底都得回到学习问题上。与同伴教育相伴而生的概念是同伴学习。同伴教育与同伴学习是一对比较容易相互混淆的概念，其实这对概念既有联系，又有本质区别。上一章，我们从宏观的教育形态探讨了同伴教育的内涵和特征，本章将从学习者的视角，探讨同伴教育的学习形态和策略，以便教师能够更好地设计同伴教育的学习活动，以及学习者能够更好地进行同伴合作。

本章系统梳理了同伴学习的研究进展，分析了同伴学习的方式、策略和支架。

第一节 同伴学习研究

随着新课改的推进，我国教育界对同伴之间开展相互学习、分享与评价等活动的认识越来越深入，越来越感受到其重要性。许多专家学者或一线教育工作者从不同的视角开展了深入的研究，形成了一系列有价值的研究成果，为笔者的同伴教育实施提供了非常有价值的参考。

一、同伴学习研究现状

尽管同伴学习是一种新兴的教学策略体系，但由于它直接关注教学过程，对提升学生的学业成绩和发展社会性情感方面都具有显著的促进作用，因此对它的探讨自20世纪70年代以来从未停止过。从查阅到的文献来看，在国外，“同伴互助学习”作为专门术语首次出现在1974年亚历山大（Alexander L. T.）等人共同创作的论文中，至今仅有40多年的历史，可谓课程与教学研究领域的一株新葩（金二红，2012）。英国的托平（Topping K）教授和美国的尔利（Ehly S）博士在1998年出版的《同伴互助学习》（*Peer-assisted Learning*）一书中提出："所谓同伴互助学习，是指通过地位平等或匹配的伙伴（即同伴）积极主动的帮助和支援来获得知识和技能的学习活动。"若从教师教的角度来看，"同伴互助学习"实际上也是一种在课堂内外让学生成为"教学指导者"的一系列教学活动（Maheady L.，Harper G F.，Mallette B，1991）。

1. 国内关于同伴学习的文献研究现状

笔者利用知网期刊库做精确题名检索："同伴学习"，截至2016年12月有文献143篇。下载其标引数据：题名、作者、关键词、刊发年份作为样本，探讨目前国内在同伴学习领域的主要研究现状。利用期刊库的刊发年份数据，透视出近五年学术界对"同伴学习"的研究呈缓慢上升趋势。通过对关键词的词频排名，排前10名的关键词是同伴互助学习、合作学习、同伴关系、同伴互助、自主学习、同伴反馈、同伴互评、社会行为、同伴接纳和同伴评价。

依据CNKI后台数据分析，得出同伴学习学术关注度和同伴学习用户关注度在显著提升。从时间的角度看，同伴学习的学术关注度和用户关注度在2000年之后都得到了巨大提升，尤其在学术方面表现更为突出。纵向来看两张图，从专家到用户，都关注同伴学习，体现出同伴学习是一个符合时代需求的产物，也是一个新的研究热点。同伴学习研究的机构主要集中在高等师范院校。"同伴学习"运用于教学最明显的学科是"教育理论与教育管理""外国语言文学"以及"中等教育"。此外，同伴学习在"高等教育""学前教育""心理学""初等教育"等科目的运用频次均在100之上。

最近十几年里，同伴学习发生了很大转变，由少数的学习行为发展成整个学校的行为的一部分。随着指导者和求助者学习水平距离的缩小，每个学生都有机会成为指导者。通过同伴学习，学生们不仅在学习上受益，更重要的是社交技能的提高，他们的个性和社会性得到了进一步的发展。在学校里，同伴学习能帮助学校建立和培养互助学习的良好气氛（陈培霞，2012）。在合作学习的教学中，很多教师常常有这样一种认识：认为允许学生自己选择同伴是极不明智的，因为他们有可能会借机把时间浪费在与学习无关的事情上，造成课堂混乱，而且容易出现不团结的情况。但群体社会化理论认为群内偏好与群内同化的效用会使学生自主选择的群体合作更有成效（何芳，2005）。因为这是学生自主选择的，他们会更加愿意选择自己认为易于合作的人，正如皮亚杰的观点一样，如果群体关系趋于积极，则人际冲突就会减少，合作则会更加有效，合作学习也会更加成功。研究证明，同伴学习除了对学习成绩有积极影响外，对学生情绪和社会性都有着积极作用（陈培霞，2012）。吴玉国认为交往学习是影响小学生发展的重要因素，在教学过程中教师要引导学生交流信息、表达思想、合作探究、相互评价、互动学习（吴玉国，2001）。所以说同伴学习的本质，就是以师生平等、生生平等为前提，尊重学生的人格和心理发展的规律，相信学生自我成长的潜能，在教师的引导和组织下，学生之间结成一对一的互助小组，在学习中互相帮助、彼此促进、共同提高（金二红，2012）。

2. 同伴学习理论模型研究

一直以来，同伴学习的研究没有一个统一的框架和模型，多以一些实践的归纳和经验为主。近十多年来，学者们才开始重视同伴学习这一形式是如何运作和相互影响的。Topping 和 Ehly（2001）提出了同伴学习支持模型，囊括了大部分学习程序，如图 3－1 所示。在同伴学习中，主要表现在如下两个方面：

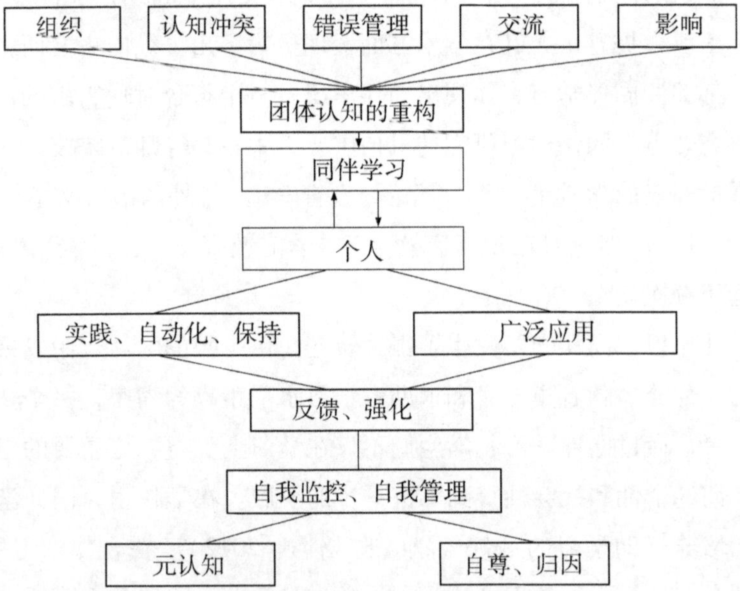

图 3－1　同伴学习支持模型

一方面，在小组中有效地对知识、程序和技能进行学习，包括扩展现有能力、改善现有能力、建立新的知识结构。这一部分来源于皮亚杰的同化顺应学习理论。在学习的过程中，指导者和求助者实现了知识的共享，知识结构建立在更广泛的基础之上，更真实地了解知识。实现了知识的组织化、调和认知冲突、错误信息管理、交流和影响五方面的提高。

另一方面，同伴学习实现了个人知识技能的练习、巩固、熟练化。而一些改变甚至是潜在的、未被察觉的。在合作学习后，学习者更可能将他所学的某一专门技能应用在其他的领域，灵活应用于多种情境中，即迁移。学习者容易获得外在的强化，如赞赏、奖励、当众表扬。当学习关系继续时，个人自我的监控能力得到加强，个体元认知能力得到提高和发展。学习者对自己的能力产生信心，养成正确的归因。个人和合作小组形成良性循环。个人有机会获得全方位的能力发展，如增强迁移能力、自我管理能力、动机；提高兴趣、思考能力变得深刻和抽象、策略的综合性更强、从零散的知识到结构性的知识转变。

3. 同伴学习的实践研究

分析文献可发现，同伴学习在许多学科中都有用到，其中英语教学最为突出。在以往的英语课堂教学中，学生被要求学习课堂内容，并独立完成课堂作业。学习者很少与周围的同学进行交流、沟通，他们只专注于自己，对其他同学的成功和失败给予零关注。然而，Donato & MacCormick 认为，当学生们在同一个教室里一起学习时，他们就正在参与一项共同的“团队实践活动”（Donato & MacCormick，1994）。只要是处在这样一个团队中，学习者就有必要互相沟通为他们共同的利益做出努力。Cook 同样认为合作的方法可以有效地提升英语课堂教学效果（Cook，1991）。Long，Swain & Lapkin 指出，合作学习的课堂允许学习者之间相互合作商量，在低焦虑的情景下为有意义的交流提供更多的机会，并在潜意识状态下为学习者提供修正的输入（Long，Swain & Lapkin，1983）。我国大多数的初中英语教学并不科学。教学实践中教师没有其他的教学方法来参考和使用，只能按照他们通常使用的教学方法进行教学。经过总结一些学者的研究，笔者发现同伴学习是初中英语教学的一种有效的方法。英语是一门语言类学科，需要很多学生和教师之间、学生和学生之间的互动。在初中英语教学中应用同伴学习方法，指导学生开展同伴学习的活动，可以实现同伴学习的真正优势（崔艳文，2016）。同伴互助教学能够帮助学生培养合作意识，对于课堂学习效果的提高十分有利。诵读应以语言学习为基础，通过反复诵读，能够提高学生的语言听说能力及口语水平，增加学生的知识储备（陈晓静，2016）。在操作与运用方面，鲍德等人在2001年《高等教育中的同伴学习》一书中明确指出，使用“同伴学习”与“同伴评估”的基本考虑，“因为这样的学习策略具有实用价值，并且特别适用于高等院校中人数较多的课程和教学”（Boud D，Cohen R，Sampson J，1992）。

同伴学习除了应用在英语学科，在其他学科也有重要体现。刘振华提到在课程改革的背景下，同伴互助方法逐渐得到了广大教师的青睐，将其应用于高中物理教学中可以培养学生的合作学习能力，有助于其理解和掌握物理知识，提高学习效率。赵安科通过研究认为，在高中生物学实验中开展同伴互助学习活动，主要依据《普通高中生物学课程标准》所提出的“提高生物科学素养，面向全体学生，倡导探究性学习和注重与现实生活的联系”课程基本理念、作者学校高中生物学实验教学的现状和作者的自身教育教学的需求而展开的，主要解决了在少数民族地区实验条件较差、后进生占大多数的情况下，如何有效提高生物学实验教学效率的问题（赵安科，2014）。林琳根据高师声乐教学的特点，提出了“同伴互助学习”方法，并认为生生互动、教师作用的转化是“同伴互助学习”的基本出发点，同时提出了“同伴互助学习”结伴的条件和运行模式。教师的角色由教学主宰变成教学助手，由教学组织者变成参与者（林琳，2010）。杨莉莉和沈翠珍等人选取94名护理专业本科生作为研究对象，将同伴互助学习策略应用于中西医结合护理教学查房中，并使用护理查房考核表和问卷进行效果评价，目的在于探讨同伴互助学习策略在中西医结合护理教学查房中的应用（杨莉莉，沈翠珍，沈勤，汪国建，叶红芳，2016）。

4. 信息化背景下的同伴学习研究

互联网技术打破了传统的教育教学模式，使过去运用教科书和课堂讲授传递知识的形式可以转变为借助互联网资源和其他学习技术实现。基于网络的同伴互助学习应该以促进学生有意义的学习为目标，以学习课题为纽带、以教师的面对面指导或在线指导为支撑、以学生（同伴）之间的交流协作为主要的学习形式，最终帮助学生实现预设的学习目标（贺静霞，2016）。信息技术在逐渐深入教育教学并与其融合的过程中，促使教育范式发生了深刻的转变。信息技术促使教与学方式的多元化，如出现的个性化学习、合作学习、分散学习、同伴互助学习等，并逐步实现人才培养的个性化（贺静霞，2016）。李梅等人认为网络环境下的同伴互助学习主要包括以移动设备、APP软件为依托的同伴互助学习和在线环境下的同伴互助学习两个方面。同伴交互是知识构建的有效途径，计算机和网络技术的介入，为学习中的社会互动提供了丰富的工具（李梅，杨娟，刘英群，2016）。

此外，随着翻转课堂在我国的日渐盛行，同伴学习作为一种比较有效的学习方法，应该及时将它与目前流行的翻转课堂相结合，努力探索在基础教育中构建同伴学习型翻转课堂的措施与方法，从而改善课堂学生参与程度不高、自主学习能力欠缺的现状（毛烨，许建林，2016）。在 STEAM 教育中，用跨学科的方法教授科学、技术、工程、艺术和数学方面的知识，让学生通过合作与实践，完成主题项目和解决生活中遇到的难题，引导学生适应不断更新的专业知识和快速变化的社会生活（赵慧臣，陆晓婷，2016）。国外已有研究表明：在数字化终身学习环境大背景中的远程教育中，提供略高于学习者能力的学习同伴，有助于互相促进学习（Ross M. T.，Cameron H. S，2007）。

二、同伴学习方式

1. 小组学习

小组学习是一种学习方式的组织方法，它通过组内各成员互相讨论，集思广益。小组学习较个人学习，能够加快学习速度，提高学习质量，加深对知识的理解和印象，又不致枯燥，趣味性强，是一种很好的学习组织形式和方法，具有速度快、质量高、印象深、趣味性强等优点，也是课改以来重点培养的新型学习方法。实行小组学习，旨在增强学生的主动参与意识，增强学生的合作研究精神，为学生的主动发展、自主学习打下坚实的基础，以适应新时代的需要。为了改变学生被动学习的局面，改变传统的教学模式，让学生成为学习的主人，增进学生之间的交流、师生之间的和谐，激发学生的参与意识，使学生获得全面主动的发展，小组学习法可以作为实施素质教育进程的一种有效的教改方式。

2. 合作学习

合作学习是一种结构化、系统的学习策略，由 2～6 名能力各异的学生组成一个小组，以合作和互助的方式从事学习活动，共同完成小组学习目标。每位成员为了完成共同的任务，有明确的责任分工的互助性学习，在促进每个人的学习水平的前提下，提高整体成绩，获取小组奖励。合作学习鼓励学生为集体的利益和个人的利益一起工作，在完成共同任务的过程中实现自己的理想。合作学习的目的不仅是培养学生主动求知的能力，更是发展学生合作过程中的人际交流能力。这个思想来源于杜威集体活动和集体项目（group projects）的观点，以及他在《民主和教育》中提出的理论，即学生应当在一起学习，以学习公民和社会责任。

合作学习（cooperative learning）是在20世纪70年代初兴起于美国，并在70年代中期至80年代中期取得实质性进展的一种富有创意和实效的教学理论与策略。由于它在改善课堂内的社会心理气氛、大面积提高学生的学业成绩、促进学生形成良好非认知品质等方面实效显著，很快引起了世界各国的关注，并成为当代主流教学理论与策略之一，被人们誉为“近十几年来最重要和最成功的教学改革”。自20世纪80年代末、90年代初开始，我国也出现了合作学习的研究与实验，并取得了较好的效果。

3. 协作学习

协作学习（collaborative learning）是一种通过小组或团队的形式组织学生进行学习的一种策略。小组成员的协同工作是实现班级学习目标的有机组成部分。小组协作活动中的个体（学生）可以将其在学习过程中探索、发现的信息和学习材料与小组中的其他成员共享，甚至可以同其他组或全班同学共享。

在此过程中，学生之间为了达到小组学习目标，个体之间可以采用对话、商讨、争论等形式对问题进行充分论证，以期获得达到学习目标的最佳途径。学生学习中的协作活动有利于发展学生个体的思维能力、增强学生个体之间的沟通能力以及对学生个体之间差异的包容能力。此外，协作学习对提高学生的学习成绩、形成学生的批判性思维与创新性思维、对待学习内容与学校的乐观态度、小组个体之间及其与社会成员的交流沟通能力、自尊心与个体间相互尊重关系的处理等方面都有明显的积极作用。

协作学习目前已经成为一种学习模式，在传统的班级授课和信息技术学习环境中得到了广泛的应用。协作学习模式是指采用协作学习组织形式促进学生对知识的理解与掌握的过程，通常由4个基本要素组成，即协作小组、成员、辅导教师和协作学习环境。

4. 同伴学习

同伴学习是指通过“同伴”积极主动的协作和帮助来获得或者巩固某种知

识、技能的一种学习活动。它指的不是向拥有相关知识的专家学习，而是与水平差距较小的相同地位的团体互相学习的形式。它不同于学生向教师的学习和求助，有着不同的特点和功能。

同伴学习中有两种角色：指导者角色和求助者角色。同伴学习的指导者的角色，可以是信息传递者的角色，类似于教师。在传统的同伴学习中，指导者是榜样学生，擅长某一方面的知识，是教师角色的补充。但是，由于能力和兴趣因素，指导者有时并不愿意完成帮助行为，因为对自己的益处很少。现在的学习形式发生了很大改变，同伴已经不是专家角色和学生角色的单一教和学的关系了，指导者和求助者的能力水平越来越接近。指导者越来越成为一个亲近可靠的角色。

综上所述，不管从以上哪种角度来看，小组学习、合作学习、协作学习和同伴学习实际上都是一种学习活动。它的基本组成要素包括以下三个部分（Ames C，1992）：①形成学习共同体；②建立互帮互助的互惠关系；③建立个性化的评价体系。这一互动过程既要向人展示自己的所作所为，又要对他人的行动作出解释（Blurmer H，1969）。弗彻斯·道格拉斯（Fuchs D）和弗彻斯·里恩（Fuchs L. S）教授于20世纪80年代初就开始进行同伴互助学习策略的研究与开发（左璜，黄甫全，2008）。他们之间具有许多共同的特性，即：①以学习小组为单位；②成员都是学习者，是按任务需求来组建同伴；③教师在学习过程中充当辅导者；④辅导者为学习者营造一个学习环境；⑤同伴都是围绕一个预先设定好的主题或目标开展学习活动；⑥目的都是培养学习者的合作能力、沟通能力与自主性等。

第二节　同伴学习策略

一、学习策略

所谓学习策略（learning strategies），就是学习者为了提高学习的效果和效率，有目的、有意识地制定的有关学习过程的复杂方案。学术界较普遍的同伴学习策略主要关注以下三个方面。

1. 认知策略

认知策略是加工信息的一些方法和技术，有助于有效地从记忆中提取信息。在认知策略范畴下，可将知识分为陈述性知识和过程性知识。陈述性知识是关于事实的知识，是学校学习的一个主要方面。过程性知识告诉我们如何做某件事。要知道如何做某件事，我们不仅要知道过程的每一步，而且还要知道采取每一步的条件。一般而言，认知策略因所学知识的类型而有所不同，复述、精细加工和组织策略主要是针对陈述性知识，针对过程性知识则有模式再认识策略和动作系列学习策略。

2．元认知策略

元认知策略是学生对自己认知过程的策略，包括对自己认知过程的了解和控制，有助于学生有效地安排和调节学习过程。计划策略、控制策略和自我调节策略都属于元认知策略。

3．资源管理策略

资源管理策略是辅助学生管理可用环境和资源的策略，有助于学生适应环境并调节环境以适应自己的需要，对提升学生的学习动机有重要作用。它包括学习时间的管理、学习环境的管理、学习努力和心境的管理、学习工具的利用、社会性人力资源的利用。

二、协作策略

协作策略是同伴学习开展的一种方法和技巧，有助于提高同伴学习开展过程中小组的组建、自主学习、互动交流与评价活动的效果与效率。协作策略主要有如下四种形式。

1．竞争

竞争是指两个或更多的协作组参与学习过程，并有辅导教师参加。辅导教师根据学习目标与学习内容，对学习任务进行分解，由不同的协作组“单独”完成，看哪个协作组完成得最快最好。辅导教师对协作组的任务完成情况进行评论，其他学习者也可以对其发表意见。各自任务完成后，就意味着总任务的完成。竞争协作策略有利于激发学生的学习积极性与主动性，但易造成因竞争而导致协作难以进行的结果。因此让学习者明确各自任务完成对保证总目标实现的意义非常重要，即学习者是在竞争与协作中完成学习任务的。竞争可以在小组内进行，也可以在小组间进行。

2. 辩论

协作者围绕给定的主题，首先确定自己的观点。在一定的时间内借助虚拟图书馆或互联网查询资料，以支持自己的观点。辅导教师（或中立组）对他们的观点进行甄别，选出正方与反方，然后双方围绕主题展开辩论。辩论的进行可以由对立的双方各自论述自己的观点，然后针对对方的观点进行辩驳。最后由中立者对双方的观点进行裁决，观点论证充分的一方获胜。也可以不确定正反双方，而是由不同小组或成员叙述自己的观点，然后相互之间展开辩论，最终能说服其他小组或成员的获胜。辩论可在组内进行，也可在组间进行。辩论模式有利于培养学生的批判性思维。

3. 小组任务

多个协作者共同完成某个学习任务，在任务完成过程中，协作者之间互相配合、相互帮助、相互促进，或者根据学习任务的性质进行分工协作。不同协作者对任务的理解及其视点不完全一样，各种观点之间可以互相补充，从而圆满完成学习任务。小组任务的明确有利于小组成员之间的分工与协作，有利于提高任务完成的效率。小组任务可以有多种形式，如问题解决、主题探究、项目学习等，这些方式都强调学习过程中可以采取多种方式，如竞争、合作、辩论等，共同解决问题，或者完成某一项任务。这里需要强调的是，小组任务是一种综合性的学习模式，突出学习者综合能力培养和面向过程的协作。由教师设计主题，该主题强调学习者对相关知识的运用能力，如问题解决过程设计、科学实验设计、基于知识的创新设计等。在学习过程中，学习者充分运用已掌握的知识，相互之间进行分工、协作，共同完成主题。

4. 角色扮演

该种形式是让不同学生分别扮演指导者和学习者的角色，由学习者解答问题，指导者对学习者的解答进行判别和分析。如果学习者在解答问题过程中遇到困难，则由指导者帮助学习者解决。在学习过程中，他们所扮演的角色可以互相转换。通过角色扮演，学习者对问题将会有新的理解。角色扮演的成功将会增加学习者的成就感和责任感，同时激发学习者掌握知识的兴趣与积极性。

协作学习策略与模式已成为跨越各个年级、课程内容和学习层次的主要学习方式。在这种方式下，学生感受到同学之间不再是竞争的对手，而是促进学习的帮助者。协作学习使得学生的学习活动更加生动、活泼和丰富多彩。皮亚杰指出，协作学习在儿童认知发展建构中是一种主要的方式。

三、调控策略

调控策略是学生对学习进行计划、实施、反思、评价和调节的策略。同伴教育理念下的调控策略主要有同伴助学、同伴监督与同伴评价。

1. 同伴助学

在云端建立一个师生交流与同伴资源分享平台，学生通过交流平台组成圈子或小组，可随时开展讨论助学。这个同伴可以是学生与学生，也可以是学生与教师之间，还可以是学生与专家以及家长。学生通过同伴资源分享平台即时地分享同伴之间动态生成的自主资源。

2. 同伴监督

监督是保证学习活动有效进行的重要措施。同伴监督是指在学习过程中借助相互提问、相互讨论、相互评价等方式实现对同伴学习的监督。在这个过程中，每个人既是监督者，又是被监督者，双重身份有利于同伴监督的有效实施。此外，同伴监督可以借助网络、面对面等形式，更容易形成一对一、全方位的学习监督，提升学生学习的主动性。

3. 同伴评价

同伴评价不仅仅发生在网络终端上，而且还发生在课堂教学的过程中。评价的主体是人，在学习过程中，同伴间进行评价，更能激发学习的积极性，学生对自己有更深入的认识，能不断改进学习中存在的问题。

第三节　同伴学习支架

学习支架就是指维果斯基社会文化学说中的脚手架。维果斯基的“最近发展区理论”认为，学生的发展有两种水平：一种是学生的现有水平，另一种是学生可能的发展水平，两者之间的差距就是最近发展区。教学应着眼于学生的最近发展区，为学生提供带有难度的内容，调动学生的积极性，发挥其潜能，超越其最近发展区而达到其可能发展到的水平，然后在此基础上进行下一个发展区的发展。维果斯基的教育理论为当前建构主义教学的发展提供了有益的理论支持，从而进一步拓展了教学的含义。维果斯基的社会文化学说中一条重要的信条便是“搭建脚手架”这一概念。儿童依靠成人的帮助搭建起学习的框架，这对儿童的认知与心理发展是最为重要的。而“最近发展区”与“搭建脚手架”之间的关系在支架式教学这一教学模式中得到了最为真切的描述。支架式教学是以维果斯基的最近发展区理论为基础的一种新的建构主义教学模式，它是指通过支架（教师的帮助）把管理学习的任务逐渐由教师转移给学生自己，最后撤去支架。在支架教学中，教师作为文化的代表引导着教学，使学生掌握、建构、内化那些能使其从事更高认知活动的技能，这种掌握、建构和内化是与其年龄和认知水平相一致的，但是，一旦他获得了这种技能，便可以更多地对学习进行自我调节。

学习支架作为一种学习的辅助工具，为协作学习提供有效的支持和帮助。学习支架启发学习者思考并找寻解决问题的方法，让学习者学会思考、学会协作、学会学习。

基于同伴教育理念下的同伴学习支架更强调学生个性化学习。在设计学习支架过程中，遵循学生的认知特征，以学生的知识水平和知识本身的特性作为出发点，将学生的需求与所提供的支架层次保持平衡，让认知水平相当的同伴发挥学习的优势与作用，通过同伴助学、同伴分享、交流与评价等方式来调动学生的最近发展区，激发学生学习的兴趣，提升学习的效果。

一、问题支架

学生在学习的过程中总会遇到各种各样的困难，如果没有教师引导性的问题为其提供支架，学生很难发现真正的问题。教师可以作为引导者，抛出针对性的问题，将学生的思路吸引到正确的方向上来。教师用不同角度、层次、深度的问题来搭建学习支架，随着问题逐个解决，学习进度不断深入，学生通过独立探索、合作学习等方式来解决学习中遇到的问题。

二、范例支架

范例是符合学习目标的学习成果或阶段性成果，它包括了特定学习主题中的重要学习步骤或典型学习成果。教师在呈现知识前为学生提供同伴间的范例，其实质就是提供某种意义的借鉴与参考，让学生从中受到启发，顺利完成任务达到学习目标。教师通过给出范例让学生领悟知识的扩展性，能让学生从中得到一定的启发，范例则起到了引导作用。在使用范例支架策略过程中，学生思考去完成学习任务，能拓展学生的思维发展。教师提供范例支架，学生学会模仿、比较和独立思考，有利于问题解决和发展兴趣爱好。

三、评价支架

同伴学习的过程中，需要学生自主的探究，学生与教师、同伴、外部专家等进行对话、交流，在整个过程中，学生无时不需要对自己的探究状态、伙伴的观点以及同伴学习的成果进行过程性的评价，不然同伴学习就会很容易出现流于形式、效果不佳的情况。因此，教师在组织同伴教育、同伴学习活动过程中，需要设计面向学生自主探究、分享对话和学习成果的多元评价支持，以便于学生及其同伴之间进行学习状态的反思和调控。

第四章 基于同伴教育的教学

授人以鱼，三餐之需；授人以渔，终生之用。

——《老子》

教与学是教育形态的一体两面。同伴教育突出学生的主体性，强调师生的教学相长，但并不意味着不需要教师的介入，不再需要课堂的组织。课堂教学仍然是同伴教育的主阵地，是学校教育的主要组织形式，但是在同伴教育框架下，课堂被延展了，师生的关系被重建了，学习的过程和方式也要进行再造。更为重要的是，由于技术的介入，教学系统的要素和结构关系进行了重构，技术不仅是一种教学手段的替代，而是促进了新的课堂生态、新的师生关系、新的教学模式，以及新的评价方式的产生。

本章从教学的角度，分析了课堂教学存在的现境，探讨了基于同伴教育的课堂教学特征、典型教学模式、关键策略以及评价的方式。

第一节　课堂教育教学改革的现实困境

课堂教学是实施素质教育的主阵地。很多教育教学改革都围绕课堂进行研究和改革实践探索，然而从现实来看，课堂教学改革仍然困难重重。笔者认为主要表现在“四个唯”，即唯教材论、唯课堂论、唯教师论和唯知识论。本节中主要表现为实践上的问题，更重要的是表现观念和政策上的问题。

一、唯教材论——教学内容的封闭

当前我国还是以教材作为主要教学内容，因此，我们很多教师还是以教材为纲，以教材的内容为教学目标，每一学期还是以是否教完这本教材为教学任务的评价标准，导致教学内容的自封闭，教学设计过程中没有做任何拓展与延伸。如小学讲《黄山》一课，教师在教学过程只是关注教材中的几个要求会认的字词和要求会写的字词，并让学生反反复复地泛读、品读到研读，开展个人读、小组读、全班读，以及开火车读，不敢“偏离”教材半步。其实教材安排这篇文章，从写作方法上要求学生学会如何描写景物，从情感态度价值观上是要求学生通过对祖国大好河山美的感悟，从而树立起对祖国的热爱。如果我们打破内容的封闭，将《庐山》《泰山》《长城》等类似的文章推荐给学生做拓展阅读，这样更容易实现教学目标。

二、唯课堂论——教学时空的封闭

互联网时代的到来，为教师关注学生学习全过程提供了平台支撑，即关注课前自学、课中互学与课后展学，来实现学生学习的生态链。但目前还是有很多教师的教学设计只是关注自己课堂的40分钟，如前面5分钟导入新课、5～25分钟讲授新课、25～35分钟课堂反馈练习、最后小结教学。课前自学只是停留在口头的作业，类似于“回家读课文2～3遍，写生字5遍”等简单的熟悉教学内容的形式，没有任何反馈评价要求。而课后呢，就更简单了，类似于“回家做《某某能力与训练》P5～P6”，不负责任的教师，可能连P5～P6是几道什么题都没有看过，基本做不到是对当天学生学习知识的内化与反馈。这种只关注课堂的教学方式，会造成教学时空的封闭。

三、唯教师论——传授评价的单向

目前我们的许多课堂教学还是以教师为中心，主要表现为两个“单向”，一是知识传递的单向性，总是认为“教师不教学生不会”；二是学习评价的单向性，学生所完成的任何一项学习任务，只有通过教师评价才有效。这与智慧互联时代知识的来源是多元的相矛盾，也与新课改所提倡的充分应用好学生学习过程中的动态生成资源不相一致，而同伴教育中的同伴分享与互动评价这两个环节是最好的生成资源再利用。

四、唯知识论——考核方式的单一

目前，无论是我国的教育还是西方教育，目的都是培养全面发展的人，主要表现在知识与能力有机融合。西方的教育是以能力培养为导向，在能力培养过程中渗透知识的传递；而我国的教育是以知识掌握为导向，在知识传授过程中试图渗透能力的培养。因此，我们很多学校或教师都把知识的掌握作为考核的唯一标准，而忽视了能力的考核，在这种导向下，学生的能力发展就有所不足。

第二节　基于同伴教育的课堂特征

信息技术的迅猛发展，尤其是教育技术的发展为我们的课堂提供了丰富的信息资源，改变了学习者的认知方式；提供了个性化的交流平台，改变了人们之间的教育关系；提供了多元化的评价工具，改变了人们的学习形态。同伴教育理论十分关注教育的本真问题，即人的培养问题。教育的根本目的是培养全面发展个性化成长的人才，特别是让学生学会独立思考，树立起自由精神和人格平等理念。换句话说，互联网环境下的同伴教育相较于传统的课堂教学，不仅是方式和策略的问题，还涉及育人目标、育人内容、育人方式以及育人环境的系统重构。同伴教育课堂与传统课堂的比较如表4－1所示。

表4－1　同伴教育课堂与传统课堂的比较

	传统课堂	同伴教育课堂
教学内容	封闭、固定、单一的内容	内容具有拓展性、开放性、多元性，每个同伴都是学习内容的贡献者
知识来源	教师、教材	教师、教材、同伴、网络与环境
学习形式	独立	自主学习、同伴分享、互动交流
教学设计	基于内容的设计	基于活动的设计
学习过程	被动的、稳定的过程	积极的同伴参与过程，不断寻求真理和准确的动态过程，重视生成性与互动性学习
学习目标	识记知识、通过考试	知识、高层次思维能力、人格品质与价值观
学习成果	完成的任务	完成任务、对学习共同体的贡献

也就是说，基于同伴教育理念的课堂正好可以不谋而合地解决常规课堂存在的“四论”问题，呈现出如下四个新的特征，即“四个突破”到“四个关注”。

一、突破教材束缚，关注课程资源的开发与组织——让学生学习做到泛在性

基于同伴教育理念指导下的课堂强调教材内容强关联知识的拓展与延伸，突破现有教材束缚，结束“一本书”的时代，解决常规课堂的“唯教材论”问题，要求教学辅导者在教学设计过程中关注课程资源的开发与组织，让学生的学习做到泛在性。

在智慧互联时代，信息来源多元化，教材不再是知识的唯一来源。基于云平台的同伴教育的课堂为教师和学生提供形式多样、丰富多彩的信息资源，如图片、动画、声音等。丰富的课堂资源有利于创设逼真的教与学的环境，激发学生学习的兴趣，达到课堂教学的效果。教师能为学生提供符合其“最近发展区”的资源，给学生提供教材配套的优质拓展资源，以及分享学生动态生成的资源。学习者能够从教师提供的资源中选择适合自己认知特点和认知水平的资源，实现“选择学习”。“选择学习”才是目前最好的个性化学习。每个环节充分体现了学习的选择性、自主性，每个学生可以根据自己的认识水平与能力，选择不同的资源开展学习。例如：小学五年级有一篇课文《我们的民族学校》，通过描写西南边疆的一所民族小学，反映了孩子们幸福的学习生活，体现了祖国各民族之间的友爱和团结。老师在教学全过程的每个不同环节可以提供大量的学习资源，供学生开展“选择学习”。在课前自学环节，老师提供了作者的其他相关作品，如《歌溪》《一碗水》《珍珠泉》等，还提供了写作背景、民族知识、民族歌谣等强关联的资源，主要是让学生在预习环节了解课文背景、作者思想等有助于课文理解的相关知识；在课中为学生提供了有助于课文讲解的动画、视频、课文原文朗读的音频，以及《五十六个民族是一家》《各族儿女手拉手》等20多篇类似的有助于课文教学目标达到的资源；课后推荐同伴组织主题学习《研究我们的民族》等。

二、突破学习时空，关注学生学习的全过程——让学生走出封闭的课堂

基于同伴教育理念指导下的课堂强调教师要重点引导学生突破学习时空局限，关注学生学习的全过程，解决常规课堂的“唯课堂论”的问题，不再是为

课中的40分钟而设计，课前与课后就是形式主义。特别是智慧互联时代，给人们的生活方式、学习方式和沟通方式带来了深刻的变革。移动互联技术打破了时空局限，让学生或同伴学习的开展不再只是停留在课堂的40分钟。因此，教师在进行教学辅导设计时，一定要让教学设计与学习内容走出封闭的课堂，关注教学全过程，即不光只是设计课中让学生怎么学，同时也要课前让学生或同伴弄明白学什么，为什么学，课后让学生拓展或延伸学什么，以及学得怎么样。

基于网络平台与移动终端（iPad、电子书包）的同伴教育课堂教学模式的组织和实施，突破了地域和时空界限，为课堂教学创设了更加灵活、开放的环境。同伴根据课堂教学的目标与内容，可以充分运用信息资源，在课堂内外随时组织自主学习知识、自主选择学习内容的难易和进度。自己发现问题，在同伴的协助下解决问题，在学习过程中学生更多地主动获取知识、处理信息，自主探究，完成学习的任务，提高教与学的效率。例如：教师在设计小学数学《分数的意义》这节课时，在课前让学生找一找身边的分数，并与父母玩一玩分东西，最后说一说和写一写你认可的分数，通过网络上传到学习互动平台；教师通过学生上传的说一说和写一写分数，发现大部分学生认为把一个物体分成几份，就叫分数，不理解“单位1”和“平均分”的含义。因此，课中教师就组织同伴小组研讨把一个饼分给5个小朋友，产生一个新问题，他们分得一样多吗？生成认知冲突。通过同伴辩论理解“平均”，再说说每个小朋友分到几分之几；接着老师要把10颗糖，同样分给5个小朋友，说一说每个小朋友分到了多少，各占几分之几？又出现认知冲突了，明明是每个小朋友2颗，为什么要用几分之几呢？同伴之间相互讨论，发现几分之几是针对一个整体而言，即“单位1”的理解；课后教师设计让同伴初步找一找数学之中有几种数，它们之间有什么关系。

三、突破主体关系，关注同伴的分享与互动——让学生成为学习的主人

基于同伴教育理念指导下的课堂强调以学生为中心，关注同伴之间的分享交流与互动评价，解决常规课堂的“唯教师论”的问题，不再认可知识来源于教师，评价来源于教师，改变知识来源与评价的单向性——老师。教师在教学的每个环节都要设计一些激发学生深入学习或研讨的问题，安排大量时间给学生进行知识的认知与内化，并要求同伴即时分享学习成果，让学校、家庭、社会中的同

伴共同参与评价，给学生一块快乐成长的沃土。

传统的课堂以教师为中心，更强调教师的教和评，而忽视了学生个性化发展与同伴互评，以及同伴之间生成资源的相互应用。基于互联网环境下的同伴教育打破了传统课堂相对封闭的模式，突出学生的个性学习与同伴互评作用，使学生成为课堂教学的中心，基于移动终端的师生之间、生生之间的互动更有利于学生学习与个性化发展。例如：小学语文在上作文写作课“校运会精彩一瞬间”时，语文老师总是认为不会写的学生是巧妇难为无米之炊，于是乎想当然地在写作前播放前一天该班张三同学100米冠军冲刺的一段精彩回放视频，再给学生提供一些关于描写运动会的好词好句，结果呢，不会写的还是不会写，会写的还是洋洋洒洒几百字的优秀作文。为什么呢？笔者认为不会写的学生，不是“无米”，而是“无法”。语文是母语，平时对话，三岁小孩都可以与你滔滔不绝，小学一年级学生掌握的常用汉字通常都可在1000字以上，你说他“无米”吗？应该来说只是他们不知道如何组织语言，是一个“无法”的问题。因此，基于同伴教育理念指导下的作文课设计，应该先让对作文题目有相近体验感的同伴组成一个小组，再在组内组织讨论作文写作框架，接着各自完成作文。最后通过分享交流平台上传作文，并要求每人点评5位同伴的作文，从写作方法、技巧、语言表达和修辞等方面进行全方位点评，让每个同伴重新审视自己的作文，再根据同伴的优点修改完善自己的作文。这样相比常规的作文课：老师先指导，学生再写作，最后学生将作文交给教师写一个评语就结束而言，一是解决了作文教学难的“无法”这一本真问题，二是充分利用了同伴之间的生成资源“同伴的作文”。相对优秀作文选而言，同伴的作文更具有亲切感，描写的事情是亲身体验的，是有同感而发的。

四、突破评价体系，关注学生的学习数据记录——让学生自信地幸福成长

基于同伴教育理念指导下的课堂强调对学生开展知识与能力一体化评价，关注学生学习过程数据记录，解决常规课堂的“唯知识论”的问题。建议对学生的评价不再以最后一次考试成绩作为唯一依据。通过对学生学习过程记录的大数据，突破唯知识的考核机制，实现能力与知识融合的考核方式，即：过程数据+智能化。

传统的课堂教学教师仅通过课堂观察来了解学生的学习情况，而基于云平台和智能终端形式，教师能够实时追踪学生的学习进度与学习情况，通过学生在学习过程中生成性的资源来对学生的学习进行过程性、实时性的评价与反馈。学生根据教师反馈的情况有针对性地自我诊断，从而能够及时了解自身的学习状况，调整学习进程。在实践中，利用学生网络学习空间的日志、论坛、相册（作业册）等进行多元的教学评价：学生与学生之间互评、学生个人自评、同类师生评价、校外的专业人士评价，会产生非常积极的效果。

第三节　基于同伴教育的课堂教学模式

“模式”一词是现代科学技术中普遍采用的一个术语，它有多种含义，如模型、模样、典型、样板等。在实践中人们对模式概念的理解和使用往往会有差异。教育研究者把“模式”一词引入教学理论中来。教学模式作为一个正式的科学概念是由美国学者乔伊斯和韦尔于 1972 年正式提出的。他们给教学模式下的定义是：教学模式是构成课程、选择教材、指导在教室和其他环境中开展教学活动的一种计划或范型。苏联教育家巴班斯基认为，教学模式是在教学实践中基于教学形式和方法的系统结合而产生的一种综合性的形式。有些学者进一步提出：教学模式就是学习模式，教育的最终目的是提高学生更容易、更有效地进行学习的能力，因为他们不仅获得了知识技能，也掌握了学习过程。

我国学者在 1984 年以后才开始重视教学模式的研究，但众说纷纭。说起教学模式，可能有一些教师会感到困惑：难道像教学这样一种灵活多样的、充满创造性和艺术性的活动也有固定模式吗？是的，教学作为人的心理社会活动的确没有刻板的、固定的模式，但教学中存在客观规律，这些客观规律经常以这样那样的具体教学形式和方式表现出来，而某种教学方式的稳定化、系统化和理论化就是一般所说的教学模式。我们认为教学模式是在一定的教学思想或教学理论指导下所建立起来的各种类型教学活动的基本结构或框架，它是一种比较典型的、稳定的、成熟而有效的结构程序，在教学理论和教学实践中起着桥梁作用。

本节所讲述的基于同伴教育理论指导下的教学模式不是指单一的某一学科的模式，而是以同伴教育理念支撑下建构的一个大框架。教师在具体的施教过程中，只要符合同伴教育的理念并能体现出区别于传统教学的新特征，完全可以根据不同学科、不同课型、不同教学内容的特点，根据教师自身的风格和特长，根据学生的身心发展特征，从混合式同伴教育模型和基于同伴教育理念下的学习模式出发，依照教育教学规律，衍生和创造出丰富多彩的、符合核心素养提升的课堂教学形式。

一、教学模式

教学模式是教学理论的具体化，是教学实践的概括化的形式和系统，具有多样性和可操作性。因此，教师对教学模式的选择和运用是有一定要求的，教学模式必须要与教学目标相契合，要考虑实际的教学条件针对不同的教学内容来选择教学模式。当然首先还是要了解有哪些教学模式，它们的特点是什么。

1．传递—接受式

该教学模式源于赫尔巴特的四段教学法，后来由苏联学者凯洛夫等人进行改造后传入我国，在我国广为流行，很多教师在教学中自觉不自觉地都采用这种方法教学。该模式以传授系统知识、培养基本技能为目标。其着眼点在于充分挖掘人的记忆力、推理能力与间接经验在掌握知识方面的作用，使学生比较快速有效地掌握更多的信息量。该模式强调教师的指导作用，认为知识是教师到学生的一种单向传递的作用，非常注重教师的权威性。该模式的基本教学程序是：复习旧课—激发学习动机—讲授新课—巩固练习—检查评价—间隔性复习。教师要根据学生的知识结构的认知水平对教学内容进行加工整理，力求使所传授的知识与学生原有的认知结构相联系。充分发挥教师的主导作用，教师在传授知识的时候需要很高的语言表达能力，同时要对学生在掌握知识时经常遇到的问题有所体察。

2．自学—辅导式

该教学模式是在教师的指导下自己独立进行学习的模式。这种教学模式能够培养学生的独立思考能力，在教学实践中也有很多教师在运用它。

该模式的教学程序是：自学—讨论—启发—总结—练习巩固。教师在教学中根据学生的最近发展区，布置一些有关新教学内容的学习任务组织学生自学，在自学之后让学生之间交流讨论，发现他们所遇到的困难，然后教师根据这些情况对学生进行点拨和启发，总结出规律，再组织学生进行练习巩固。

3．探究式教学

探究式教学以问题解决为中心，注重学生的独立活动，着眼于学生思维能力的培养。教学的基本程序是：问题—假设—推理—验证—总结提高。建立一个民主宽容的教学环境，充分发挥学生的思维能力，教师要掌握学生的前认知特点，实施一定的教学策略。

4. 概念获得模式

该模式的目标是使学习者通过体验所学概念的形成过程来培养他们的思维能力。该模式主要反映了认知心理学的观点，强调学习是认知结构的组织与重组。

5. 自主学习模式

1989 年，麦考姆斯在《自主学习和学业成绩——一种现象学的观点》中提出自主学习模式。麦考姆斯提出，自主学习与自我系统的发展密不可分，自我系统对学生在自主学习过程中激发学习动机、组织加工信息等都起到重要影响。因此，麦考姆斯关注自我系统在自主学习作用中的研究。他认为，自我系统既包括对自己能力、价值和特点的认识，也包括对设置目标、调节和评估自主学习的影响；自我系统的发展决定了自主学习动机的强度，对学习过程的监控和评价也起到关键作用。

麦考姆斯提出自主学习应包含三个阶段：一是目标设置阶段。个体通过对自身能力和学习任务的分析，预期学习结果，从而设置学习目标；二是计划和策略选择阶段。个体根据前一阶段设置的目标，制定学习计划，并选择与之相应的学习策略；三是执行和评价阶段。个体监控、自主调节自我学习进程，评价学习结果。

麦考姆斯认为在实施自主学习模式过程中，要注重学生自我系统的发展，引导学生对自身形成积极的认识，将有利于促进学生自主学习能力的培养。

6. 抛锚式教学

这种教学要求建立在有感染力的真实事件或真实问题的基础上。确定这类真实事件或问题被形象地比喻为“抛锚”，因为一旦这类事件或问题被确定了，整个教学内容和教学进程也就被确定了。建构主义认为，学习者要想完成对所学知识的意义建构，即达到对该知识所反映事物的性质、规律，以及该事物与其他事物之间联系的深刻理解，最好的办法是让学习者到现实世界的真实环境中去感受、去体验（即通过获取直接经验来学习），而不是仅仅聆听别人（例如教师）关于这种经验的介绍和讲解。由于抛锚式教学要以真实事例或问题为基础（作为

“锚”)，所以有时也被称为“实例式教学”或“基于问题的教学”或“情境性教学”。

抛锚式教学由这样几个环节组成：

创设情境——使学习能在和现实情况基本一致或相类似的情境中发生。

确定问题——在上述情境下，选择出与当前学习主题密切相关的真实性事件或问题作为学习的中心内容。选出的事件或问题就是“锚”，这一环节的作用就是“抛锚”。

自主学习——不是由教师直接告诉学生应当如何去解决面临的问题，而是由教师向学生提供解决该问题的有关线索，并特别注意发展学生的“自主学习”能力。

协作学习——讨论、交流，通过不同观点的交锋，补充、修正、加深每个学生对当前问题的理解。

效果评价——由于抛锚式教学的学习过程就是解决问题的过程，由该过程可以直接反映出学生的学习效果，因此对这种教学效果的评价不需要进行独立于教学过程的专门测验，只需在学习过程中随时观察并记录学生的表现即可。

7. 范例教学模式

范例教学模式比较适合原理、规律性的知识，是中学思想政治课教学最基础的模式之一，由美国教育心理学家 M. 瓦根舍因提出。范例教学的基本过程是：阐明“个”案—范例性阐明“类”案—范例性地掌握规律原理—掌握规律原理的方法论意义—规律原理运用训练。

8. 加涅模式

加涅的信息加工理论比较完整地描述了有机体的信息加工过程，这个过程大致分为以下四个阶段：

第一阶段是注意刺激。外界刺激通过感受器转变为神经信息到达感觉登记器，信息在感觉登记器中保留的时间为 0. 25～3 秒。

第二阶段是信息编码。编码不仅是对短时记忆中的信息进行精细加工和积极转换，也是对大脑中原有的信息结构进行重组或改建。

第三阶段是储存信息。对信息进行编码是为了储存到长时记忆中。信息编码不仅有助于对信息的理解，而且有助于信息的储存以及在需要应用时成功地提取或检索。

第四阶段是提取信息。提取信息的过程是回忆和再现储存在长时记忆中的信息的过程。

信息能否被快速、准确地提取，主要取决于两方面的因素：一是记忆痕迹的强弱；二是提取线索与储存在长时记忆中信息的距离。另外，还有两个重要的因素影响着学习的过程，分别是“预期”和“执行监控”。它们共同发挥着激活和调节信息流程的功能。

9. 奥苏贝尔模式

奥苏贝尔是认知结构理论的具体化的实用者。他通俗地认为认知结构就是书本知识在学生头脑中的再现形式，是有意义学习的结果和条件。他着重强调了概括性强、清晰、牢固、具有可辨别性和可利用性的认知结构在学习过程中的作用，并把建立学习者对教材的清晰、牢固、认知结构作为教学的主要任务。奥苏贝尔的有意义学习理论着重强调了认知结构的地位，围绕着认知结构提出的上位学习、下位学习、相关类属学习、并列结合学习和创造学习等几种学习类型，为新旧知识是如何组织的提供了一条较有说服力的解释。自他之后，认知结构理论才真正引起人们的重视并为人们广泛理解。

10. 合作学习模式

合作学习是一种通过小组形式组织学生进行学习的一种策略。小组取得的成绩与个体的表现是紧密联系的。约翰逊（D. W. Johnson，1989）认为合作式学习必须具备五大要素：①个体积极地相互依靠；②个体有直接的交流；③个体必须都掌握给小组的材料；④个体具备协作技巧；⑤群体策略。合作式学习有利于发展学生个体思维能力和动作技能，增强学生之间的沟通能力和包容能力，还能培养学生的团队精神，提高学生的学业成绩。

11. 发现式学习模式

发现式学习是培养学生以探索知识、发现知识为主要目标的一种教学模式。这种模式最根本的地方在于让学生像科学家一样来体验知识产生的过程。布鲁纳（J. S. Bruner）认为发现式教学法有四个优点：①提高学生对知识的保持；②教学中提供了便于学生解决问题的信息，可增加学生的智慧潜能；③通过发现可以激励学生的内在动机，引发其对知识的兴趣；④学生获得了解决问题的技能。

根据许多心理学家对这种教学模式的研究，它更适合于低年级的教学，而且在课堂上运用太费时间，又难以掌握。

以上教学模式也在一定程度上呈现几种趋势：从单一教学模式向多样化教学模式发展；由归纳型向演绎型教学模式发展；由以“教”为主向重“学”为主的教学模式发展；教学模式日益现代化。

二、基于同伴教育理念的课堂教学模式

通过对同伴教育的国内外研究的分析，同伴教育的研究多集中在艾滋病预防领域，尤其是在该领域开展同伴教育有效性、可行性的评估研究，更多的研究集中于面对面的实体同伴教育，很少研究智慧互联时代的混合式同伴教育。关于同伴教育的实践经验研究较少，且主要集中在药物滥用领域。第二章我们重点介绍了同伴教育的定义、混合式同伴教育衍生、混合式同伴教育模型和基于同伴教育理念下的学习模型，重点阐述了混合式同伴教育三个核心环节“自主学习、同伴分享和互动评价”。相互认可的同伴，在智慧互联环境支持下，通过开展正式学习和非正式学习，让学习者建构起自己的学习生态链。基于同伴教育理念下的学习模型，重点阐述了学习者在学习全过程的课前、课中和课后的每个环节中，如何跟不同的同伴开展活动，要求教师在课前主要是设计有利于生生同伴自学、师生同伴或家长与学生形成同伴助学的资源或问题，课中设计有利于生生同伴互学和师生同伴导学的一些活动与资源，课后设计有利于生生同伴展学、师生同伴或家长或社会专家学者与学生形成同伴开展研学的一些问题、项目和资源。本节重点探讨在混合式同伴教育模型和基于同伴教育理念下的学习模型一些理念的基础上的课堂教学模式。

1．自主学习模式

基于智慧互联时代的混合式同伴教育，学习者如何开展高效的自主学习，这与教学辅助者对学习全过程的每个环节问题设计与资源提供以及同伴的组建是密不可分的。在同伴学习过程中，设计符合学生认知水平、学生感兴趣的学习情境、开放问题或专题项目，激发学生学习的内部动机，并提供大量可供学生选择以及便于学生开展自主学习的有效资源，在此基础上同伴开展课前的自主学习、课中的互动学习、课后的拓展学习；老师在教学的过程中，给学生讲授新知识，通过云平台或移动学习终端即时掌握学生学习的情况，并给予及时的评价与

反馈，课后通过巩固练习或拓展练习让学生内化新知识；不同类型的同伴在学习者开展自主学习时给予适当的帮助、分享和评价，也可促进自主学习效率的提升。

2. 合作学习模式

同伴教育理念下的合作学习更强调同伴间的分享交流、互学互助，以及互动评价，主要是以自由组建相互认可的同伴为小组这一形式进行，发展学生个体思维能力和动作技能，增强学生之间的沟通能力和包容能力，培养学生的团队精神，提高学生的学业成绩，开展一系列的小组学习、同伴分享与互动评价。基于同伴教育理念的合作学习模式是“选择主题—组建同伴小组—制作计划—同伴分工—合作分享—同伴互评—汇聚成品”。基于同伴教育理念的合作学习分为课中的面对面合作学习和课前与课后的线上交流平台的合作学习。

3. 探究式教学模式

探究式教学以问题解决为中心，注重学生的独立活动，着眼于学生思维能力的培养。课堂上，教师提出问题，让学生针对问题进行探究性学习。同伴教育理念下的探究学习更强调同伴间的探究，通过同伴互助，对要解决的学习问题进行假设，在假设的基础上进行推理，利用信息化的同伴学习工具（微信、微博、QQ、搜索引擎）等查找相关资料进行可行性的验证，最后得出有关问题的解决方法。这样的教学模式更强调同伴间共同“发现问题—思考问题—解决问题”的过程，培养学生的思维能力。

4. 抛锚式教学模式

抛锚式教学模式的环节主要包括：抛锚创设情境、确定问题、自主学习、协作学习、效果评价。智慧互联时代的基于同伴教育理念下的抛锚式教学模式主要是课前、课中和课后，对学习者、辅导者和同伴都有明确的任务分工。课前导学：主要是教师对预习单与资源包的设计与制作、下发、问题反馈统计，发现学生对知识的前置错误，再根据学生的问题进行教学的重设计与调整。课中教学：主要是教师根据教学任务的需要选择相关的资源、工具与软件，组织学生开展自主学习；课堂导学单和检测单设计、下发、评价反馈，根据反馈进行教学调整，促进学生知识的当堂内化。课后助学：主要是教师根据本节知识进行分层练习的设计或拓展资源的制作、下发、在线指导、反馈结果统计，根据结果进行教学跟踪；或者根据本章的教学内容进行主题拓学设计，组织主题学习的开展，促进学习知识的进一步深入。

第四节　基于同伴教育的教学策略

顾明远主编的《教育大辞典》将教学策略定义为“建立在一定理论基础之上，为实现某种教育目标而制定的教学实施总方案，包括合理选择和组织各种方法、材料，确定师生行为程序等内容”。美国学者埃金（Eggen P. D.）认为，教学策略就是“根据教学任务的特点选择适当的方法”。皮连生在《智育心理学》中把教学策略定义为：教师采取的有效达到教学目标的行动，也可以称为广义的教学方法。施良方、崔允漷主编的《教学理论：课堂教学的原理、策略与研究》认为，教学策略是教师为实现教学目标或教学意图（难以明确或无须明确的目标）所采取的一系列操作行为。本文中的教学策略与皮连生和埃金对教学策略的定义相似，泛指教师的教学方法。

俗话说，有所为有所不为，支持同伴教育的策略和方法虽然很多，但如果我们抓住关键性的特征和策略，将会起到事半功倍的效果。根据前面对同伴教育现实困境的探讨，我们认为混合式同伴教育的关键是自主发展、开放课程、差异教学、同伴分享和动态评价，而技术在支持上述五个方面具有独特的优势。

一、自主发展——自主学习策略

自主学习能力的培养是一个循序渐进、长期的过程。由于学习者已习惯于以教师为中心的教学模式，要改变传统的观念需要向学习者不断地灌输自主学习的理念，提供自主学习策略的指导，让学习者在具体的学习中找到适合自己的学习策略，不断地探索和实践。因此建议教师在设计个性化的课程时，应该将自主学习能力的培养作为设计的一个重要因素，在课程的各个环节中渗透自主学习策略，在课程学习过程中提高远程学习者计划、控制、调节和评价的能力，特别是控制、调节和评价能力。具体设计建议如下：

1. 引导学生制定具体合理的学习计划

格林和牛津（Green & Oxford，1995）的研究显示，制定学习计划是学习过程的一个重要方面，是与自我管理有关的策略。计划一般分为长期计划和短期计划。对于中小学生来说，长期计划通常以学期为单位，短期计划通常以星期为单位。

具体来说，学生可以在课程开始前与教师共同协商、设计学习活动书面计划，即学习契约。学习契约的样式有表格式和提纲式两种。无论是哪种样式，一般都包含以下内容：学生姓名及相关信息、课程名称、学习契约级别、学习目标（包括知识、技能、态度等）、学习策略和资源、学习者达到既定学习目标的依据、判断/验证依据的标准、根据判断/验证依据的标准，对自己的学习进行分数评定、学习活动的日程安排、学习者与指导教师的签名（Knowles，1986）。

制定的学习契约应具体详细，不仅要说明各项学习活动的内容和时间安排，还要指出完成该学习活动的具体方法。制定的契约中要合理安排学习的内容和时间，不宜一味增大学习量和学习时间，以保证切实有效地坚持学习计划。此外，在契约的执行过程中，应该及时进行适当的调整和完善。作为制定契约很重要的一个环节，学习者必须根据学习契约的实际执行情况，对照、反思最初制定的契约，找出其中不切实际、影响实效的因素，有针对性地修改，直到找到适合自己的有效方法。不少学习者制定的契约，从内容的多少到时间的分配以及方法的选择都比较合理，可是由于缺乏必要的监督，自我约束力又差，不能做到持之以恒。因此应该建议学生将自己的学习契约告诉身边的同伴或者父母，请他们发挥监督或督促的作用，逐渐养成良好的学习习惯，形成较强的自我约束能力。

2. 引导学习者进行自我监控

自我监控是个体对自身行为某些方面的有意识的关注，是指个体利用某些标准评估自己学习进展的过程。在学习过程中，无论是正式学习还是非正式学习，自我监控是非常重要的，它包含两个步骤：第一，辨别自己要监控的行为；第二，记录、评估自己所控行为的某些具体内容，比如活动的完成率、与同学的交流质量等。

教师可以在课程设计过程中，在一定的章节学习之后，向学生提供一定的提示，如提示单，提醒学习者要根据课程中提供的标准来评估自己的学习进展，并且要记录或评估自己监控的频率等信息。

二、同伴互教——同伴分享策略

同伴互教是在同伴教育理念指导下，专门设计的利用同伴教同伴的方式，使同伴之间借助个人网络学习空间与终端，引导学生参与教学过程，变传统单一的讲授为基于课程的自主学习和合作探究，在大班课堂教学中构建了一种学生自主学习、同伴分享、互动评价的创新教学策略。同伴互教主要有以下几种策略。

1. “小先生”互动式学习

“小先生”互动式学习就是教学辅导者在进行教学设计时，在教学全过程的不同环节，设计部分内容，让学生在全班或小组内扮演“小先生”角色，指导同伴完成相关内容的学习或活动的开展，以完成教学任务。“小先生”在课前环节主要是组建同伴队伍、建立互动群组（如QQ群、微信群等互动平台）、完成同伴分工、组织同伴开展自主学习和研究、实时分享、过程调控；在课中环节主要是组织同伴面对面研讨、汇集信息、主题分享、全班或跨级交流；课后进行同伴展学或拓学跟踪、同伴答疑等。

2. “小先生”微课教学

“小先生”微课教学是指学生在学习过程中，在老师或家长、专家的指导下，针对同伴提出的问题或下节课要讲授的新知，自己录制微课，充当“小先生”角色。“小先生”微课教学通常在课前自学或课后展学环节使用较多，也就是混合式同伴教育的主要时空。同伴中能力较强的同学在预习环节用录制微课的方式，不但展示了自我，让自己变得更加自信，还成了同伴们的典范。预习能力较弱的学生通过反复学习和模仿，在复习阶段也能录制微课，向别人展示自己的学习成果。

3. 开展项目学习

项目学习的主要方向是教学辅导者根据自身学科特性和知识，设计一个项目，让学生通过整合多学科知识来完成项目学习。项目学习通常是一个繁杂的过程，往往需要各类同伴的参与，如生生同伴研讨、师生同伴辅导、家生同伴支持以及社会专家资源的利用等。因此，学生在项目活动设计、活动推进、作品制作和展示交流等每一个环节，都充分发挥了同伴教育的优势，如作品制作环节，学生分工进行，有的搭建框架、有的智能编程、有的做思维导图……

4. 同伴集体“备”课

同伴集体“备”课是指教学辅导者根据学习内容的类型不同，选择学生旧知融合度比较高的教学内容，课前让学生结成同伴共同对新的教学任务进行“备”课，为课中的“小先生”做好准备。如：在Scratch编程课上，我们组织学生自由结成同伴，每组不超过三人。大家自选题材，自定主题，同伴间共同分享编程乐趣，共同解决编程中的疑难问题，合作展示并教授备课内容，还会有互动环节，以验证自己的授课是否达到了预期的水平。

三、动态评价——互动评价策略

学习者的互动评价和即时调整对于优化学生的学习效果也起着非常重要的作用。学习的互动评价实质上是通过相互展学，对同伴或主体的学习成果和行为进行再学习与反思，实现自主调控。动态评价包括自我评价与同伴互评。

自我评价的方法灵活多样，可将形成性评价、诊断性评价与总结性评价相结合，定性与定量的方法相结合，绝对评价、相对评价与个体内差异评价相结合，还可采取写日记、写读书笔记、自我鉴定和自我奖惩等方法。总之，自我评价的方法是多种多样的，学习者应根据自身的特点，结合课程学习的要求来选择合适的评价方法，提高自我评价的效果。

互动评价是开展同伴教育的一个重要环节，如果互动评价失效，那么同伴之间的教育效果可能大打折扣。互动评价是同伴之间对彼此的分享成果进行评价，因此要特别关注同伴对评价结果的认同，尽可能使评价双方共同分享、讨论互动评价结果，倡导同伴之间在相互平等、尊重和互惠的基础上，通过协商、讨论、辩论等不同的沟通方式自主地调控评价活动本身，使其最大限度地接受评价结果，并从同伴的评价中，开展自我再学习。互动评价的结果应以激励为主，激励式评价可以使评价主体相互促进，共同发展。互动评价可以是小组内同伴之间相互评价，也可以是小组之间开展相互评价。

在同伴教育理念的课堂设计过程中，可以在章节学习结束之后，设计相应的“自我评价调查表”和“互动评价表”，也可以在学习的任何一个环节，开展自我评价和互动评价，引导同伴之间进行反思和评价，认真总结自己的学习掌握情况，了解学习存在的问题，从而进行有针对性的调整和改善。此类评价也可以让教师及时了解学习者学习过程中遇到的问题，了解他们的学习策略以便进行有针对性的指导。在“自我评价调查表”和“互动评价表”中可以设计以下评价的内容和方法。

1. 学习动力的相互评价

学习动力有内在动力与外在动力之分。自我评价调查表要对内在动力进行分析、判断。包括：有无长远目标和近期目标，学习目标是否明确，对学好该课程是否充满信心，对所学课程是否有浓厚的兴趣，是否有主动积极的进取精神，有无战胜学习困难的勇气和毅力，学习态度是否勤奋、认真，学习情绪是否稳定、持久，等等。互动评价主要是对外在动力进行判断，包括外界社会环境、同伴行为、教师引导和家庭教育的影响，同伴是否具有学习积极性与兴趣等。

2．知识掌握的相互评价

在学习新知识之前，应自评一下自己是否具备一定的基础知识；学习之后，可依据美国心理学家布卢姆对认知的分类，从记忆、领会、应用、分析、综合等方面来评估自己对知识的学习情况。将知识点与目标得分率用概念图制成简易图表，就可一目了然地知道自己学习上的优势与不足。此外还可通过同伴之间的分享、交流、研讨或互测等方式分析自己的情况：能否将新知识和已有知识联系起来，是否清楚基本概念的内涵和外延，能否对所学知识举一反三、触类旁通，能否在实际条件下灵活运用所学知识等。

3．学习策略的相互评价

学习者可以通过以下方面评价自己的学习策略：能否妥善安排学习时间，是否有计划地安排学习活动，能否正确利用各种学习资料，是否给同伴出检测题，能否在遇到问题时向同伴求助，能否及时完成学习任务，能否排除有关干扰、保证学习活动的顺利进行，能否选择并采用合适的学习方法，能否总结自己或借鉴他人好的学习方法和经验等。

4．学习能力的相互评价

学习能力的评价可从以下几个方面进行：获取信息的能力，包括感知能力、阅读能力、搜集资料的能力等；加工、应用、创造信息的能力，包括记忆能力、思维能力、表达能力（口头和文字的）、动手操作能力、创造能力等；学习的调控能力，包括确定学习目的、制定和调整学习计划、培养学习兴趣、克服学习困难等。

四、开放课程——设计情境策略

情境，特别是包含问题的情境，在多种学习模式中都广泛存在，并至关重要。

一般来看，问题可以划分为良构问题和非良构问题。良构问题有明确的解决过程和固定的答案，比如计算一条抛物线的最高/低点的坐标；而非良构问题往往没有一定的解决流程，答案也相对开放，比如设计一个调查活动，了解小区的垃圾分类情况。

在同伴教育理念指导下的课堂中，教师应当在设计问题情境时把握以下原则。

1. 紧扣学生的生活经验，引向教学目标

一方面，将真实生活的经验包容其间，可以为学生提供运用所学技能的机会：利用真实的生活经验，既可以培养学生知识迁移和应用的能力，又能让学生明白所学内容的有用性，激发学习兴趣，同时也为学生提供了应用所学知识和技能的机会，还可以应用计算机网络来创造虚拟情境，提供应用所学知识技能的机会。另一方面，学科教学的成功与否，很大程度上取决于学生对本门学科的兴趣，首先要解决学生想学、爱学的问题。情境激励策略，就是通过信息技术与课程整合、创设教学情境，开展课堂智力激励，要求学生面对问题情境积极设想解决问题的各种可能性。并通过增进师生的情感交流等有效手段，引发学习动机，使学生积极主动参与新知识的学习，极大地激发学生探索和发现的热情。情境教学中应包括以下关键点：学习者自主寻找、筛选信息要素；学习者自己提取已有知识；学习者自己建构解决问题的策略。

2. 由良构渐渐进入非良构，由易而难

教师在设计问题情境时，要把握好问题难度的节奏，具体可以参考以下原则：

要注重基本知识、技能的掌握及高级思维技能的培养。基本知识、技能指的是基本概念、原理、规则、定律及基本操作等；高级思维技能指的是联想、想象、创造、解决问题等。这些是继续学习的基础。

围绕大的主题和有意义的概念组织学习。课堂教学不再局限于以节为单位，可以若干节课或几周、一学期成为一个单元，围绕大的主题和有意义的概念组织学习，使前后内容连贯、系统、完整。

在不同课程领域间建立连接。各学科都可以选择各种各样的主题进行任务驱动式教学，有意识地与其他学科（甚至多学科）进行横向联系，使学生置身于提出问题、思考问题、解决问题的动态过程中进行学习。通过一个或几个任务，把相关的各学科知识和能力要求作为一个整体，有机地结合在一起。

3．提供丰富有效的学习指导，包括工具、内容选择、策略等方面的支持

在一对一的数字化环境下，学生有较大的自主权，可以在教师的指导下选择学习内容、控制自己的学习节奏、选择自己的学习路径。在这个过程中，学生的差异性充分表现出来，教师应及时提供有效的学习支持与指导，及时解决学生在一对一数字化环境下遇到的问题。

4．借助信息技术营造自主学习的氛围

有些学科的实践内容，由于受到种种条件的限制，不可能让学生亲临其境。通过信息技术，可以给学生呈现出一个真实的或者虚拟的学习环境，让学习者真正在其中体验，学会在环境中主动建构、积极建构，构筑自己的学习经验。运用模拟教学课件，或者计算机外接传感器来演示某些实验现象，向学生展示教学实践的过程和方法，帮助学生理解所学的知识。可模拟动态的变化过程，通过模拟实践使学生尽快把握实践要领和具体操作方法，并通过学生的模拟操作，尽快掌握操作要领。

五、差异教学——空间平台应用策略

差异教学是以促进学生差异发展为目标的现有课堂教学模式的一种合理优化，努力实现教师控制和学生控制的动态调整。计算机网络在教学中的应用为同伴教育提供了得天独厚的条件。教师在教学中要特别注意学生在观察力、记忆力、理解力、计算机操作能力、学习风格等方面的差异性，因材施教，同伴教学，差异教学，为优秀学生提供发展的机会，为困难学生提供个性化的有针对性的帮助。

差异教学必须关注学生的差异，是因为：学生来自不同背景和拥有不同兴趣，不能保证同一个内容符合所有人的需要；学生的学习速度有快有慢，适合某些学生的教学可能对其他学生过难或过易；学生的学习水平存在抽象与具体之分，而学习方式偏好有独立学习与合作学习之分；学生不可能以相同的方式来学习、做同样的选择或拥有完全一致的学习特点；学生对同一知识的掌握程度不一，所以学生的知识结构会有所区别；学生会选择不同类型的自我认可的合作伙伴和合作方式；反馈的方式因学生而异；每名学生必须学会新策略并以不同方式运用策略；学生喜欢的课堂环境会有差别；学生需要不同的支持来达到集体的和个人的目标。

不论是要实现课程内容反映学生生活经验的目标，还是要引导学生改变学习方式，都需要以教师充分了解学生生活环境及学习基础、掌握学生学习规律的差异性为基础。因此，我们建议教师为每位学生建立个人网络学习空间，实现个人网络知识管理、网络互动教学、个人终身学习，以及同伴互动等功能。在网络知识管理模块收集学生的初始能力、个体经验、心理特征、生理特征、学习特征、学习过程等信息，不仅仅是将学生个人网络学习空间作为一种形成性评价工具来衡量学生的进步情况，更重要的是将它作为教学设计中分析员的基础性资料：基于学生个人网络学习空间里的信息选择教学策略、规划教学活动、合理安排教学进度、组织课程测验等。

我们建议教师在建立学生个人网络学习空间时要考虑到它的系统性、持续性、针对性与互动性，并且与课程设计、实施，以及同伴互动评价之间建立联系：列出您对学生和同伴感兴趣的所有问题，这些问题应当与影响学生学习表现的元素相关，是造成学生差异性的潜在因素，比如他们的初始能力、个体经验、心理特征、生理特征、学习特征等。这些问题的归类与取舍将决定您的学生的个人网络学习空间框架，确定收集哪些信息。

第一，根据问题归类确定学生个人网络学习空间，合理选择收集信息的方法，准备创建学生个人网络学习空间的内容。

第二，利用学生个人网络学习空间的信息支持课程设计与同伴教育开展，比如针对学生不同的学习风格偏好，可以设计不同类型的评价任务，使学生用自己擅长的方式总结学习；针对学生的期望适当安排丰富的课外学习活动；针对学生的学习困难设计强化训练，或者选择不同的教学策略等。

第三，正确使用信息，激励学生发展，根据课程实施的效果修订学生个人网络学习空间的内容。

第四，平台利于学生自由分组、明确任务分工，密切合作，互动交流，高效完成团队任务。这种网上互动交流的平台，可使组内的每一位成员都得到均等的发挥自己特长的机会，也使同伴间教育由面对面的线下拓展到线上线下同伴教育，真正打破学校的围墙。

第五节　基于同伴教育的教学评价

教学评价是指各种教学模式所特有的完成教学任务、达到教学目标的评价方法和标准等。由于不同教学模式所要完成的教学任务和达到的教学目的不同，使用的程序和条件不同，其评价的方法和标准也有所不同。除了一些比较成熟的教学模式已经形成了一套相应的评价方法和标准外，有不少教学模式还没有形成自己独特的评价方法和标准。

基于同伴教育理念的课堂教学评价，主要有人机评价、人际评价两大类。

一、人机评价

这种评价的主体主要是机器，被评价的对象是人。学生根据学习任务在网络终端上形成过程性的资源，如学生的练习情况、答题情况、测试、讨论等情况，网络终端根据对学生行为数据的分析，对学生的学习给予适当的评价，必要时进行学习的提醒与预警。人机之间的评价更客观，但受网络环境的限制较大，而且评价的主体较灵活，很多不定因素会直接影响评价结果。

二、人际评价

这种评价不仅仅发生在网络终端上，而且发生在学习全过程中，评价的主体是人，生生、师生、家生、社会人士等同伴间，以及学生自己对自己的评价。这种评价较主观，通过人际评价，学生对自己有更深入的认识，能不断改进学习中存在的问题。

第五章 智慧互联的同伴教育环境

子曰："工欲善其事，必先利其器。"

——《论语·卫灵公》

随着智慧互联时代的到来，信息技术的飞速发展、移动终端的应用普及、无线网络的全面覆盖，由面对面的实体同伴教育向突破时空的混合式同伴教育发展已成为可能。但如何让师生在这种学习环境中有效地开展同伴教育，好用的云学习平台、实用的学习工具与有效的教学资源是开展同伴教育的三大杠杆。本章以深圳市南山区为案例，重点介绍利用信息技术支持师生同伴教育开展的学习环境、平台支持与工具支撑三个方面的建设、选择与应用。

第一节 同伴教育学习环境

新时期的同伴教育是一种混合式的同伴教育，有同伴之间面对面的交流，更有通过一种网络空间进行虚拟的分享，因此，同伴教育必须建立在一个特定学习环境支持之上才有意义。日前新技术的发展有四大趋势：物联网、云计算、大数据、人工智能。网络知识的聚合、人际网络的聚合、人际交互的多样化，使同伴教育的环境支持具有非常强的可行性。知识网络与人际网络的不断演化聚合，人与人的交流与分享愈加密切，在此基础上知识网络与人际网络不断地融合，最终同伴之间形成知识共同体，加速人类智能发展。本节重点从学校环境和家庭环境两大方面阐述同伴教育的学习环境建设。

一、学校环境

校园环境通常是同伴教育开展的一个有力支撑，特别是现时代的混合式同伴教育的开展离不开一个智慧的校园环境。智慧校园作为一种典型的智慧学习环境，是一种以面向师生自主学习、同伴分享与互动交流为目的，以物联网为基础的智慧化的校园工作、学习和生活一体化环境，这个一体化环境以各种应用服务系统为载体，将教学、科研、管理和校园生活进行充分融合。

智慧校园环境的三个核心的特征如下。

一是开放性。为广大师生提供一个全面的智能感知环境和综合信息服务平台，为学校与外部世界提供一个相互交流和相互感知的接口，支持校园从“封闭”走向“开放”的诉求，让校园在时空方面都体现开放性，为师生提供开放的个性化自主学习服务。

二是联通性。将基于计算机网络的信息服务融入学校的各个应用与服务领域，构建人与人之间的联通网络，实现同伴之间多维度深层次的交流和互动。

三是智能性。通过智能感知环境和综合信息服务平台，采集和汇聚大量的师生学习和生活数据，依据数据挖掘和建模技术，可以在大量的校园数据的基础上构建模型，建立预测方法，对新到的信息进行趋势分析、展望和预测；同时综合各方面的数据、信息、规则等内容，通过智能推理，做出快速反应、主动应对。

（一）网络环境

校园网络是智慧校园环境的基础设施。校园网络的建设，是现代教育教学的基础环境支撑，通过信息技术手段丰富课堂教学的形式，实现信息技术与学科教学的深度融合。学校依照系统性、前瞻性、有效性的原则，整体构建学校网络环境，实现软硬件的有效结合和资源整合，为数字化学习管理平台、教学资源平台、电子图书、课件及媒体素材、常用软件等应用系统的使用提供网络保障。

为了保证同伴教育的正常开展，结合南山校园网络近几年来的建设与使用经验，校园网络环境应达到如下五条标准：

（1）与区域教育城域网进行统一规划、统一标准，尽量纳入区域教育城域网的统一管理，借助区域力量，确保校园网络安全。

（2）无线网络的建设纳入校园有线网络建设的规划之中，实现校园的有线、无线“双网”覆盖。

（3）实现与区域教育城域网万兆骨干互联、千兆到课室、百兆到桌面，提供高宽带的、可冗余的、可路由的、IP 交换的、可备份的、安全可靠的宽带网络，实现学校内课室间的高速连通，为学校教育教学管理提供高带宽的保证，真正实现“校校通、班班通、人人通”。

（4）校园网要建成一个可靠性强、开放性好、可扩充性、可管理性的基础网络环境。

（5）校园网络要实现实名制管理、可流量管控、上网行为的审计等安全管理措施。

（二）课室环境

课室环境又叫班级环境、课堂气氛、班级气氛或功能室环境，是指学生或教师对所处班级或课堂的知觉或感受，是决定学生发展的潜在因素，是同伴教育实施的重要组成部分，是任何一位希望提高学校教学质量的教育者都不能忽视的因素。下面笔者从课堂环境中的设施设备、信息展示、内容选择、教具学具摆放等方面进行阐述。

1. 基础设施

课堂教学中的基础设施设备是有效开展同伴教育的基本物质条件。同伴教育理念下的课堂软硬件基础设施，除满足一般的信息转换、存储、组织、展示等要求外，更应该突出通用性、便捷性、灵活性、交互性、智能性等方面的要求，以承载各类教学平台、处理各类过程数据信息，便于开展教学展示、互动、交流、检测、评价等教学活动。按照这一要求，一间支撑同伴教育的课堂应具备如下基础设施。

（1）“双网”全覆盖。有线、无线课室全覆盖，有线网支持视频、广播和固定终端的网络需求，无线网支持 BYOD 课堂教学组织需要，解决高密度并发的问题。

（2）交互式电子白板或液晶交互式电视，也可以是激光投影。主要利于师生开展互动教学，提供一些学科工具、资源与展示等功能。

（3）数字视频展示台或教师移动终端。主要是将实物、文稿、图片、操作过程、学习过程等信息即时放大，再通过投影让学生细致观察，并有利于师生的互动评价。

（4）课堂教学自动跟拍系统。将课堂中教师的教学活动、学生的学习活动，以及与教学活动相关的内容录制下来，通过网络发布，供师生进行教学回顾、复习、反思、教学交流等，有效地提高教与学的质量与效果。

（5）BYOD 的移动学习终端（选配）。BYOD 形式主要是教师与学生根据学习需要，由学生自带学习终端设备，开展移动学习探索，利用移动终端促进同伴之间的分享交流与互动评价。

（6）信息查询与互动区。每个课室建立一个信息查询与互动区，为学生提供几个信息资源查询与学习数据信息采集终端，给学生提供一种求助方式，解决自主学习的问题，并便于学生上传自我学习数据，利于同伴之间的分享交流与互动评价。

2. 信息展示方式

整个班级文化应简单但多元化，让每一个角落都是信息传播点，让每面墙都成为会说话的墙，无处不是通过各种媒体形式，如通过影像、语音、图形与网络等向学生传播信息；通过多种渠道向学生传递信息，无处不是学生学习活动的地点，营造一种“生态化”信息校园。无论是教室内还是教室外面每片墙都成了活动的学生作品展示窗，张贴更换十分方便，成本低，面积大，可以展示所有学生的作品或学习成果，让每个学生都能体会到成功的喜悦。

3. 信息展示的内容

每个角落都有学校的校规、校园培养目标（学生应该做什么，做到了怎么奖励，没有做到怎么处罚），以及校园安全自救方法与逃生方法。每个班在黑板的两边都张贴阶段性学生目标与学习方法，黑板上书写每天的学习目标，每天都在提醒大家，告诫大家，而且每个目标都是实在的，具体明确，学生一目了然，而且都是学生通过努力能达到的。教室环境宣传还应教学生一些技能与方法，让学生通过耳濡目染学会安全逃生技能及学科的学习方法。

4. 常规教学装备

常规的教具与学具必须分布在教室每个角度，学生随时可以使用，利用它们来做实验、测量、绘画、做手工，以及信息的收集、加工与处理，增强学生的动手实践能力，倡导一种玩中学的理念，充分体现宁可用坏不要放坏。课室的常规教学装备应全天对学生开放，任何一名学生只要有兴趣都可以使用。

（三）未来教室

未来教室是智慧校园建设中的一个重要部分，它将彻底颠覆学生、家长对传统教室的想象。未来教室指的是在互联网空间真正实现新的教育模式的空间，是现时代的混合式同伴教育的有力支撑。未来教室的任务是线上教育和线下教育的结合、实现新的教学任务、以学生为中心的教学模式的实现、优质教育资源的共享。其功能是能够无边界地教学、无时间限制地学习、优质资源的共享、教学双方角色的转变、打破优质教育资源稀缺的瓶颈。未来教室的特点是对传统教育的补充、提高、创新、变革。

南山区未来教室建设已经探索了 4 年，是按照以创新课程为依托、瞄准未来、鼓励创新、先行先试的原则开展探索，从导向上分为如下三大类：

一是对普通教室进行未来学习改造，使之符合未来日常教学的要求，满足移动化教学、项目化学习、游戏化学习、创客学习等深度学习的需要。

二是对功能室进行数字化提升，将实体资源、虚拟现实资源、远程实验资源以及个性化场景等有机融合，满足未来学习对实践环境的要求。

三是建设创新实验室，结合校本特色，探索以未来教育的一些新领域、新理念、新技术、新手段建设实验环境，进行开创性和特色化研究。

（四）未来学习中心建设

未来学习中心是未来学校的一种新形态，是以同伴教育为核心、个性化为基本方向、解决教育本真问题为出发点，以混合学习与合作学习为主要模式，它将打破学校教育与社会教育、普通教育与职业教育的壁垒，形成一个学习生态链，彼此之间是互通的，构建真正意义上的学习共同体，为学生的终身学习提供服务。未来学习中心，从学习内容方面，结束了“一本书”的时代；从时空方面，结束了“课堂40 分钟”壁垒；从知识传授方面，结束了“教师为中心”的教学形态，教师角色将更加开放多元，变成一个陪伴者、指导者、学习伙伴；从评价方式，结束了“一张试卷”的形态，考试将会走向描述、诊断、咨询，多元评价。

南山区最近 2 年以图书馆的改造为基点，将学校尝试建设成为未来学习中心。这个未来学习中心充分体现了四个特性：

（1）开放性。每天从早上师生进校园至下午师生出校园，未来学习中心全天候为师生开放。

（2）自由性。师生可以在这个未来学习中心自由自在地做自己喜欢的事情，在不打扰同伴的前提下，方式自由、活动自由，无拘无束。

（3）便捷性。师生在这个未来学习中心可以获得多种形式的帮助，中心内的每一个资源，师生都可以便捷地获得，同时还提供不同形式的资源，有纸质的、电子的等。

（4）综合性。师生可以使用这个未来学习中心组织多种形式的活动，如：上阅读课、开展沙龙、进行同伴研讨与创客等。

二、家庭环境

家庭环境包括软环境、硬环境、内环境和外环境四部分，它们对于一个人的一生有至关重要的影响。软环境是指笼罩着特定场合的特殊气氛或氛围。家庭软环境是指家庭的心理道德环境，包括家庭结构和教养方式，它诉诸人的内在情绪和感受，对人起着潜移默化的作用，是家庭生活中人与人之间相互联系时所形成的一种气氛。硬环境主要指家庭中可以用量化指标来评判和衡量的环境因素，包括家庭资源和父母文化水平和职业状况，它是人得以发展的基础条件。家庭内环境指自己家里的人或事，不容易被外人获知。外环境是指家庭外的，如家庭的周围环境、周围人群情况、外部活动场所、外部人际关系。

在同伴教育中，对于同伴的交流与发展而言，家庭环境是其中一个重要的影响因素。在不同的环境中成长的孩子将会受到环境的影响，形成不同的性格、人生价值观、世界观及人生态度。挑剔中成长的孩子学会苛责，敌意中成长的孩子学会争斗，讥讽中成长的孩子学会羞怯，羞辱中成长的孩子学会愧疚，宽容中成长的孩子学会忍让，鼓励中成长的孩子学会自信，赞扬中成长的孩子学会自赏，公平中成长的孩子学会正直，支持中成长的孩子学会信任，赞同中成长的孩子学会自爱，友爱中成长的孩子学会关爱，可以说孩子的成长很大程度上取决于周围环境的影响。孩子早期大约有 2/3 的时间要在家庭中度过，而且完全依赖于家庭成员，所以家庭环境将对孩子一生成长的方向起着至关重要的作用。

第二节　同伴教育学习平台

同伴教育理念下的课堂是以学为本、和谐互动、网络支持、资源丰富、轻负高质的课堂；是对话、开放、探究、建构的课堂；是由个体自学、同伴分享、互动评价等核心元素组成的课堂。要实现支持同伴教育的课堂，就要改变教学观念，运用现代化教育技术实现教学内容的呈现方式、学生的学习方式、教师的教学方式、师生的互动方式，以及教学评价方式的变革。现代教育技术的支持可实现以学为本、和谐互动、资源丰富的教学诉求，还可为师生的工作和学习活动提供强有力的工具。可以全程记录师生的教学活动过程，通过在线测试、自适应测评系统、试题库等评测系统对学习结果进行及时、精确的评测、跟踪与分析。

一、同伴教育云学习平台

同伴教育云学习平台主要围绕同伴教育的自主学习、同伴分享、互动评价三个核心环节的技术支撑与实现来开发。云学习平台是指对教师的教学和管理活动以及学生的学习活动进行技术支持的软件系统或者网站，包括对教师的备课、课堂教学、教学评价等活动，学生的课前预习、课堂学习、课后作业、测试等活动进行支持。教师可以在云学习平台上发布教学资源，安排教学活动，监控学生的学习情况，进行在线作业测验等；学生可以依托数字化学习平台进行自主学习、协作学习，也可以在教师指导下进行探究学习。云学习平台一般提供学习资源的发布与获得、各种学习活动管理、学习评价与情况反馈、提问与答疑、学习过程监控等功能，以帮助师生更好更有效益地完成教学任务。这些平台的使用有力地减轻了教师和学生的负担，提高了教学活动的效益和质量。

下面主要从学习云平台模型的构建，对同伴教育课堂的广度、深度，以及效度等方面的推进进行阐述。

（一）同伴教育学习云平台模型

同伴教育学习云平台模型主要由学生云端学习机、教师云端导学机和云端资源推送型教学平台三部分组成（模型如图 5－1 所示）。

学习云平台主要是为学生自主学习和教师导学的开展提供支持，是两类云端机进行交流的桥梁与纽带，是对教师的导学和管理活动以及学生的自主学习和自适应测评活动进行技术支持的软件平台，包括对教师的备课、课堂教学、教学评价、资源与任务下发等活动，学生的课前预习、课堂学习、课后作业、测试反馈与拓展交流等活动进行支持。实现了对同伴教育的八大“关注”，即关注学习全过程、关注学习自主性、关注生成与互动、关注评价与反馈、关注大数据挖掘、关注资源动态建设、关注同伴共同成长、关注学习开放性。

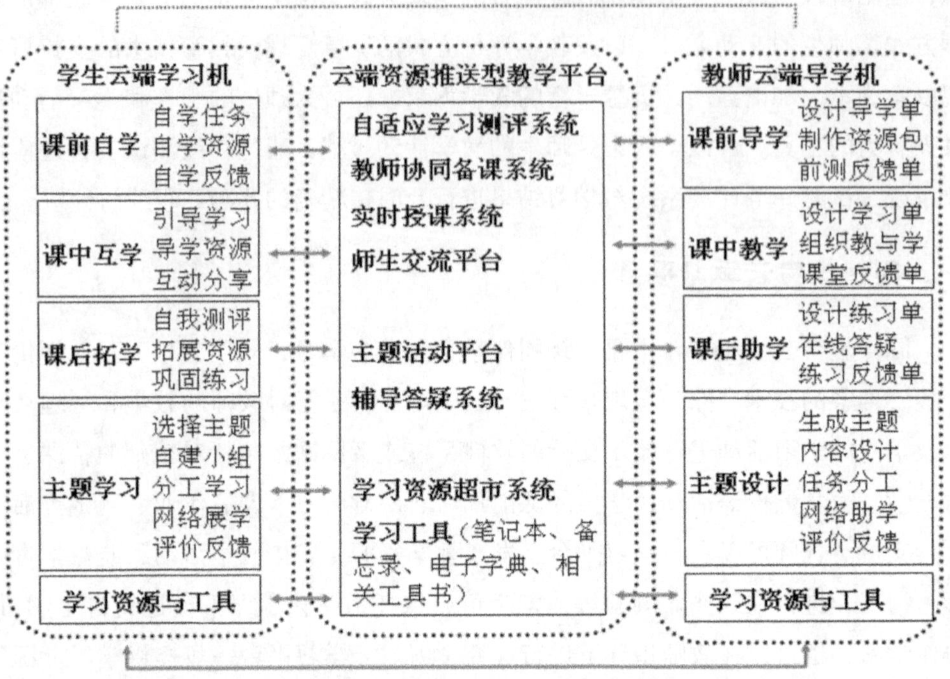

图5－1　同伴教育学习云平台模型

1．学生云端学习机的功能需求

学生云端学习机支持浏览器与APP方式，如表5－1所示。

表5－1　学生云端学习机的功能需求

栏目名称		注　释
学科列表		语文、数学、英语等，选择学科进入学习内容列表界面
内容列表		按学科内容知识目录体系，注明：有新学习任务提醒，选择内容进行下列菜单
课前自学	自学任务	接收本班学科教师下发的自学任务；关联区域内其他教师下发的学习任务
	自学资源	包括教师推荐资源、同伴互创资源、系统推荐资源（侧重自学辅导资源）
	自学反馈	接收本班学科教师下发的前测练习，实时提交；关联区域内其他教师下发的前测练习，形式多样化（如客观题、主观题、论述题，支持不同类型文件上传功能）

续表 5－1

栏目名称		注　释
课中互学	引导学习	以本班教师下发的讨论题目或知识点为主题，主要是整个教学过程的互动教学。可以进行讨论、作品分享，实时提交。主要功能有：白板互动功能、实时录音功能、思维导图工具等功能。作品文体类型多样化：图片、视频、声音、文本等；形式多样化：如客观题、主观题、论述题，支持不同类型文件上传功能
	导学资源	包括教师推荐资源、同伴互创资源、系统推荐资源（侧重讲授引导资源）
	分享互动	接收本班学科教师下发的课堂即时反馈练习；关联区域内其他教师下发的课堂即时反馈练习
课后拓学	巩固练习	接收本班学科教师下发的课后巩固练习，实时提交；关联区域内其他教师下发的课后巩固练习与自适应测试系统推荐题库，形式多样化（如客观题、主观题、论述题，支持不同类型文件上传功能）
	主题学习	本班教师指定主题和互联网性开放性主题
	拓展资源	包括教师推荐资源、同伴互创资源、系统推荐资源（侧重学生的拓展资源）
个人管理	成绩报告	个人纵向与横向的每次测试分析报表。纵向是按知识体系个人学习进步情况分析；横向是每个知识体系中个人的成绩在班级或区域的情况分析
	错题再现	按知识体系将学生测试过程中出现的错题列举出来
	学习心得	相当于个人博客的功能
	资源中心	以教材为体系，呈现个人制作或使用过的资源，以及教师推荐的资源
学习超市		为学生提供学习必配的学习工具书、学习小软件等，如电子新华字典、英汉词典、成语词典等工具书，以及在线口算、在线记单词、玩转数学等小软件

学生云端学习机主要是将课堂中学生“六学”过程云端化。

个体自学：学生端接收到教师每天下发的自学任务、自学资源与自学反馈题，开展课前自学，并提交学习结果。

同伴助学：云端建立一个师生交流平台与同伴资源分享平台，学生时刻通过交流平台可以组成一个圈子或小组，随时开展讨论助学。这个同伴可以是学生与学生，也可以是学生与教师之间，还可以是学生与专家以及家长；学生通过同伴资源分享平台即时分享同伴之间动态生成的自主资源。

互动展学：云端建立一个学生成果的展示区，学生可以随时分享自己各种形式的作品，如文字、图片、视频与声音，相互交流展示，让每个人都有展示自我的机会，让每个人都能体会到成功的喜悦。

教师导学：学生端接收到教师导学单、检测单，以及各环节的学习资源包，根据教师的引导开展学习，让学生由被动到主动，由单一的感知到多元感知，由简单认识到复杂的内化，如学习端的白板功能、录音功能，以及思维导图等多工具渗透到学习反馈中。

网络拓学：教师根据教学内容或单元主题内容的需要，可以通过平台组织开展相关主题式或者拓展资源学习。学生可以自由选择小组成员、主题，以及学习内容，通过学习资源超市自己开展个性化学习。

实践研学：学生端建有一批仿真类动手实验或物联网监测平台，可以开展一些实践研学项目。

2．学生页面模型

以“课前自学”为例，学生页面模型如表5－2所示。

表5－2　学生页面模型

课程体系内容名称（如：春天）				
课前自学	课中互学	课后拓学	个人管理	学习超市
学习目标			自学资源	
			教师推荐资源	
自学任务			同伴互创资源	
			系统推荐资源	
关联区域				
（区域内其他教师下发的自学任务）				

续表 5－2

自学反馈	
	自荐资源上传
关联区域 （区域内其他教师下发的自学反馈）	

从上面界面的设计图可知，此平台结合中小学的认识规律与网络内容呈现的方式，主要体现出栏目导航简洁明了，学习过程清晰，学习内容明确，注重个性学习与集中导学的融合，加大了资源的动态分享与即时呈现功能，特别是重点体现了资源的关联性、同伴之间的资源与成果的分享与互动，促进了同伴教育的开展，如同学之间的资源推荐、教师之间的资源共享，跨校的师生之间学习等。

3．教师界面功能需求

教师界面支持浏览器与 APP 方式，如表 5－3 所示。

表 5－3　教师界面功能需求

栏目名称		注　释
学科列表		（语文、数学、英语等，选择学科进入学习内容列表界面）
内容列表		（按学科内容知识目录体系，选择内容进行下列菜单）
课前导学	导学单	提供导学单制作模版，主要分为自学任务与前置练习（练习题型多样化，包括客观题、主观题、论述题等）
	资源包	主要是教师向学生推荐或自建的资源上传（资源文体类型多样化：图片、视频、声音、文本等）
	前测反馈	主要是查看本班学生完成的过程与结果统计

续表 5－3

栏目名称		注　释
课中教学	学习单	提供学习单制作模版，主要分为学习任务与课堂即时反馈练习单（练习题型多样化，包括客观题、主观题、论述题等）
	主题互动	主要是整个教学过程的互动教学。教师可以通过平台控制学生电脑桌面，教师根据教学内容设计互动主题，并可以参与互动，以及查看互动情况与结果
	课堂反馈	主要是查看本班学生完成的过程与结果统计
课后助学	练习单	提供练习单制作模版，主要分为知识小结与课后巩固练习（练习题型多样化，包括客观题、主观题、论述题等）
	主题设计	教师根据教学内容设计主题，并可以参与组织管理，以及查看学习情况与结果，可以一个单元组织一次
	练习反馈	主要是查看本班学生完成的过程与结果统计
个人管理	成绩管理	从客体方面可以分为个人和集体情况，从过程方面也同样可以分为个人和集体的学习过程变化分析，以及集体错误分析
	成员管理	设置班级成员的角色，如组长、副组长、小组的自定义、学习群组等
	学习监控	按知识点查看集体和个人的完成情况
	资源中心	以教材为体系，呈现个人制作或使用过的资源

教师云端导学机主要将课堂教学课前导学、课中教学、课后助学几个环节中教师导学的过程云端化。

课前导学：主要是教师对预习单与资源包的设计与制作、下发、问题反馈统计，发现学生对知识的前置错误，再根据学生的问题进行教学的重设计与调整。

课中教学：主要是教师根据教学任务的需要选择相关的资源、工具与软件，组织学生开展自主学习；以及课堂导学单和检测单设计、下发、评价反馈，根据反馈进行教学调整，促进学生知识的当堂内化。

课后助学：主要是教师根据本节进行分层练习的设计或拓展资源的制作、下发、在线指导、反馈结果统计，根据结果进行教学跟踪；或者根据本章的教学内容进行主题拓学设计，组织主题学习的开展，促进学习知识的进一步深入。

4．教师页面模型（以“课前导学”为例）

（1）导学单的设计页面如表 5－4 所示。

表5-4 导学单的设计页面

课前导学	导学单设计	同伴互创资源
导学单	学习目标	1. 导学单（甲教师）
资源包		2. 导学单（乙教师）
前测反馈		……
课中教学		系统推荐资源
学习单		1. 教学设计（丙教师）
主题互动		
课堂反馈		
课后助学	学习任务	
练习单		
主题设计		
练习反馈		
个人管理		
成绩管理		
成员管理		
学习监控		

（2）资源包制作页面如表5-5所示。

表5-5 资源包制作页面

课前导学	资源包	同伴互创资源
导学单		1. 资源包（甲教师）
资源包		2. 资源包（乙教师）
前测反馈		……
	在线制作PPT | 在线微课制作 | 学习素材制作	系统推荐资源
课中教学		图片
学习单		1.
主题互动		2.
课堂反馈		3.
		视频
课后助学	（选择不同的模块，呈现不同的系统）	1.
练习单		2.
主题设计		声音
练习反馈		1.
		2.
个人管理		其他
成绩管理		1.
成员管理		2.
学习监控		3.

（3）前测反馈设计页面如表5-6所示。

表5-6　前测反馈设计页面

课前导学	前测反馈	同伴互创资源
导学单	客观题生成	1. 前测练习（甲教师）
资源包		2. 前测练习（乙教师）
前测反馈		……
		系统推荐资源
课中教学		
学习单		
主题互动		
课堂反馈		
课后助学		
练习单		
主题设计	主观题生成	
练习反馈		
个人管理		
成绩管理		
成员管理		
学习监控		

从教师的导学单设计、资源包制作和前测反馈设计三个页面来看，此平台重点突出了操作的简单化、工具软件的集成性、同伴资源的共享性，制作过程的痕迹记录，以及资源的动态生成性，打破了现有备课平台的源素材来源的单一性、共享的封闭性，以及资源的静态性，加大了教师资源与成果共享的主动性与便捷性。如资源包制作模块集成了微课制作、在线 PPT 制作，以及多种元件制作工

具，同时能将图、文、声、视、动等素材分类动态整理与推送；前测反馈模块可以设计单选、多选、主客观题，以及录音、拍照、思维导图等多种题型，加强学生的学习主动性与多感观参与性，提高了学生的学习效率。

（二）学习云平台课堂教学成效

课堂教学的成效，最终指向的就是人才的培养。学习云平台支持的同伴教育课堂，从哪些方面发生了改变，给人才培养带来了什么成效呢？通过近年来的实践，将成效归纳如下：

1. 学习内容的拓展性与整合性

基于云端资源推送型同伴教育课堂教学平台可以根据教与学的需要，以及知识的关联性，为教师与学生提供大量的、可延伸的知识和学习资源，并根据课标、社会和时代的要求，生成一些拓展性学习主题，学生可以自主生成学习圈，开展实践学习，实现对知识信息的获取、加工、组合和整理，使目标达成和人才培养切合社会要求。

2. 学习过程的自主性与开放性

基于学习云平台的同伴教育课堂教学模式的组织和实施，突破了地域和时空界限，学习者可以充分运用信息资源在课堂内外随时学习知识、自主选择学习内容的难易和进度，并随时与教师、同学进行互动；摆脱了传统的教师中心模式，在学习过程中学生更多地主动获取知识、处理信息，并可以进行学习过程的记录，从而达到优化教学内容，提高教学效率，激发创造性思维的良好教学效果。

3. 学习角色的可变性与合作性

基于学习云平台的同伴教育课堂教学模式打破了传统的教与学的封闭模式，突出学生的个性学习，提倡教师之间、师生之间、生生之间，以及学生与外围教育资源的合作。从教师之间的合作来看，打破了传统教学中教师的个体性和封闭性，使教师利用平台建立了更为便捷、有效的合作关系，从而实现经验、科研成果的共享，获得更广泛、更有力的教学支持。从师生之间的合作来看，改变了传统教学中师生之间的结构关系，也改变了师生既有的角色地位，打破了唯教师论，学习者的角色在随时改变。在这种模式下，教师成为教学的组织者、指导者，同时也是学习者；学生成为知识的建构者以及同伴的交流者与指导者。从学生之间的合作来看，个性化学习成为现实。学生可以自主从事学习活动，可以通过交流协商、集体参与等实现合作学习。

4. 学习评价的多元性与及时性

教学中的形成性评价是提高学习效率的有效途径。通过学习云平台，可使学生随时完成教学结果的评测与反馈，及时得到有关自己学习的反馈信息及有针对性的诊断，使学生能够及时了解自身的学习状况，调整学习进程。在实践中，利用平台的日志、论坛、相册（作业册）进行多元的教学评价。教学平台还可以与社会交流，学生与学生之间互评、学生个人自评、同类师生可加入评价，也有校外的专业人士进行评价，产生了非常积极的效果。

二、同伴教育区域服务平台

数字化学习是指在教育领域建立互联网平台、学生通过网络进行学习的一种全新学习模式，又称为网络化学习或 E-learning。

以数字化学习为核心的同伴学习方式，具有如下鲜明的特点：

➢学习是以学生为中心的个性化学习，能满足个体需要；

➢学习以问题为中心；

➢学习过程中学习者之间是协商的、合作的过程，是进行通信交流的过程；

➢数字化学习是具有创造性和再生性的学习；

➢学习可以随时、随地进行，不受时间和空间的限制。

数字化学习平台是帮助学习者探索、发现、学习、创造和展示的认知工具。一个完整的数字化学习平台应该包含基于网络的教学支持系统、多媒体课件生成系统和网上教学资源管理系统。

南山区数字化学习公共服务平台是以应用为中心，通过平台搭建人与技术的关系、人与人之间的关系，体现服务性、共享性与前瞻性，以南山教育城域网应用系统为主要载体，给全区所有管理者、老师、学生、家长共同使用的一个大平台。该平台通过数据中心来管理海量的数据信息与用户信息，完成各应用系统中的数据整合和数据交换，实现用户的统一身份认证与单点登陆，通过门户对目前涉及的应用系统进行功能的集中部署，实现教育系统对外的宣传，对内的办公、业务管理与应用，对教育系统各业务部门、教师、学生、家长提供方便快捷的云服务。

（一）区域数字化学习公共服务平台的设计理念

南山教育数字化学习公共服务平台体现了数据整合与深度挖掘、以信息化促进教育管理与服务模式的创新，以及建设云计算环境的无边界教育的系统框架的设计理念。

1. 数据、信息和资源的高效汇聚，形成真正面向用户和服务效能的一体化应用体系

南山教育数字化学习公共服务平台，采用“五个一”的建设模式，即“一个标准、一个数据中心、一个门户、一个平台、一套应用”，利用统一的数据标准与规范，不仅实现了各类教育信息和资源的共享、互连互通，提供了面向用户的数据聚合和灵活服务，超越了各类应用甚至“一站式”应用体系仅仅实现应用层面的汇聚，而有效实现数据统一建设、提取、交换与深层次挖掘利用，为深层次挖掘用户的教育服务需求和教育决策提供了基础。

2. 教育服务资源的共享和动态扩展，为按需学习、个性化学习提供了技术支持

以用户为中心，实现管理与服务的创新，利用“五网一库”形成面向各类教育的应用汇聚，又基于五个维度、八个原则集成了个人桌面，实现了系统功能推送、个人功能定制、个人界面定制、在线即时通信、个人工作区、个人关系区等六大功能，有效解决了教育系统层级化、条块化的传统管理模式与组织结构向信息时代转型的问题，既保持了传统的优势，又充分利用信息技术特别是网络的优势，打破层级化、条块化的管理结构，形成面向个人的扁平化管理和服务，以信息化促进了教育管理和服务模式的创新。

3. 实现无边界的教育

课堂内外、学校内外、区域内外的边界模糊了，资源的来源对于学生来说是“透明”的，但是学生却切切实实享受到优质的教育服务。

将网络与终端、政策与机制、资源与课程、教与学的方式通过“大平台”集成起来，通过有线网络与无线网络的融合，建立专业引领和服务的政策机制，构建衔接国家、省和行业教育资源的开放数字化学习资源超市，以及打造技术支持的面向个性化发展和国际化人才的卓越课堂，形成了云时代无边界教育的系统解决方案。

（二）区域数字化学习公共服务平台的体系架构

南山区教育数字化学习平台是一个面向22万用户提供个性化服务的系统平台，它涉及的技术复杂、内容繁多，因此对它的前期规划和技术架构是关键。下文介绍其技术架构与内容架构。

1. 大平台的基础架构

系统架构是应用平台建设的地基，强健的架构为系统平台的可扩展、可维护提供了保障。南山教育数字化学习平台根据南山教育目前的实际需求与未来信息化的发展方向，为了实现统一的内部信息门户和应用支撑平台，使现有的信息资源和将来的应用系统具有前瞻性、灵活性、可扩展性、经济性、适用性，以满足南山区教育局业务发展和整合的需要，努力建设成一个先进、高效、具备自适应能力的应用支撑环境奠定基础。该平台总体技术路线是基于J2EE框架技术体系，服务体系是根据国际先进的信息基础架构理念——基于服务的框架结构（SOA）。整个系统按照“平台+应用”的方式加以实现，最终根据用户层、统一门户层（界面）、应用层（业务逻辑）、应用支撑层、数据层五个层次技术手段整合所有的信息数据与资源，以适应教育现代化发展的需要，如图5-2所示。

按照整个系统的需求，系统采用五层架构组成，由下到上分别是：

（1）数据层。数据层主要根据系统的不同数据类型以及使用要求分为教师数据、学生数据、教务数据、管理数据，是教育信息资源的数据基础。数据支撑平台还提供标准的数据交换与共享接口，包括封装的数据访问服务，数据管理、数据交换和信息注册服务，同时还包括数据接口平台，即基于XML的数据层交换管理、Web Service的应用接口及交换管理。

（2）应用支撑层。应用支撑层是项目建设的重点，作为以后南山教育综合服务平台的整个IT系统建设，必须为以后系统扩展和深入应用打下坚实的基础，包括整个门户平台实现以后系统的集成和用户单点登录（SSO），以及为门户界面的新增和修改提供管理工具。

（3）应用层。应用层是搭建在平台层之上的一个为用户提供直接服务的功能群组层，在项目内提供包括协同系统和其他开发的应用业务系统等功能。

（4）门户层。门户层是由平台层直接生成针对不同用户的统一访问界面，通过策略控制，每种不同的用户可以根据其权限采用不同的验证模式、访问不同

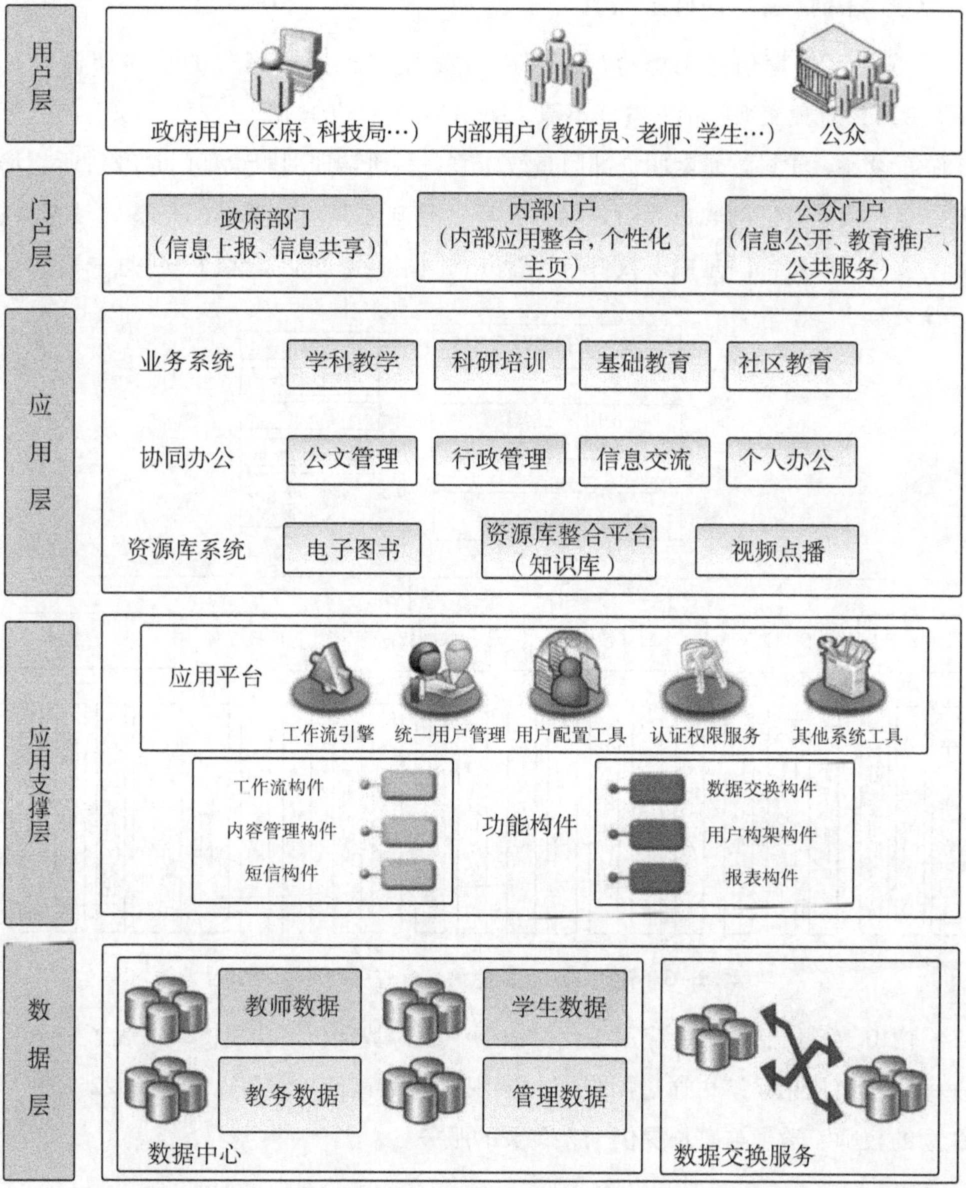

图5－2 数字化学习平台体系架构图

的内容、进入不同的工作区域，为不同用户提供个性化的访问区域。

（5）用户层。用户层是所有访问用户的集合，在本系统来说，包括三类用户，南山教育网内部访问用户（B2E）、公众用户（B2P）和南山教育网外部访问用户（B2G）。

2. 基于“五网一库”的内容架构

“南山区教育信息网综合应用平台”采用“五网一库”的总体架框（见图5－3），避免交叉管理、责任不清、应用难以落实的情况，按部门职责与分管工作而设计。学科教研网职责部门是教研室；科研培训网职责部门是教科所与培训中心；政务管理网职责部门是局办公室；基础教育网职责部门是基础教育科；社区教育网职责部门是成职教科与社管办；网络资源库职责部门是信息中心。

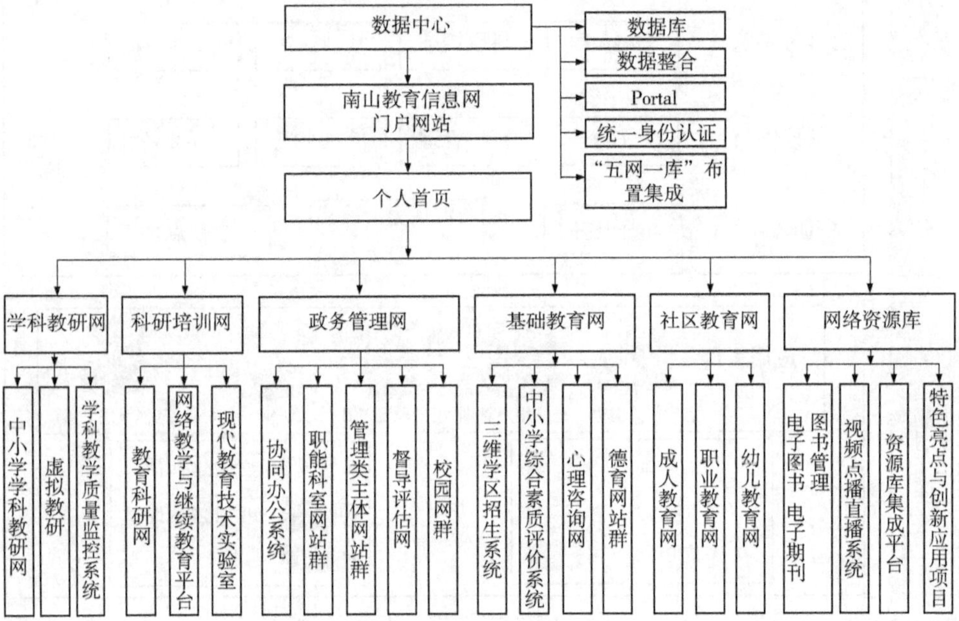

图5－3 南山区教育信息网综合应用平台框架图

南山教育信息网综合应用平台以数据中心为基础，按功能模块集成了“五网一库”所有应用系统，通过门户网站实现对外的宣传与服务，为全区22万在职在读的教师、学生与家长提供个人首页的服务。

（三）区域数字化学习公共服务平台的建设与服务模式

目前，全国上下在推进教育信息化过程中，充分意识到标准不统一是导致“信息孤岛”形成的根本原因，条块分割的管理体制是导致“信息孤岛”形成的重要因素。南山教育人为了在此方面有所突破，在南山教育数字化学习平台的建设与服务模式上做了一些探索。

1. “五个一” 的建设模式

遵照整体规划，南山教育数字化学习平台在建设模式上突出“五个一”，即“一个标准，一个数据中心，一个门户，一个平台，一套应用”。

一个标准：项目建设遵循国家、行业的信息化建设标准。在继承此标准的基础上，扩充体现南山教育业务和管理特色的信息标准，尤其是各个应用系统必须遵循的数据标准。

一个数据中心：建立统一的教育共享数据中心。各应用系统的建设围绕数据中心展开，全区的基础数据全部进入数据中心，并通过数据交换实现应用数据共享，达到一处产生数据，多处共享使用的目的，避免每个系统重复生产、使用不一。

一个门户：建设统一的面向教育网用户的门户平台，实现南山教育网统一访问地址、统一用户账号、统一单点登录即可进入相关授权应用；实现公共信息服务和应用整合，提供协同工作及交流环境，充分发挥信息整合的作用。

一个平台：建成一个统一的提供公共数据、公共服务、公共管理的应用支撑平台，使业务功能的新增和变更采用插件方式，在平台上即插即用。

一套应用：在平台基础之上构建一整套的应用，在数据层面横向融合、行为上纵向打通。

2. “五个维度” 的个人网络空间服务内容

南山教育数字化学习平台面对的用户有管理人员、教师、学生、家长等各类人群，他们上网的目的是各不相同的；即便同样是教师，由于学科、学段的不同，上网的目的也会完全不同；再即便都是同学科同学段的教师，由于个人对网络的需要或依赖程度不同，利用网络所要从事的任务也会完全不同。因此，每一个用户到南山教育数字化学习平台的目标或希望完成的任务，都是不相同的。

在这样一个实际情况面前，如果坚持沿用以往“统一平台”“统一桌面”的思想，势必迫使用户先找到与其角色相符合的频道，然后再找到与其身份相符合的栏目，再找到与其日常需要相符合的专题或系统。这样的设计，大大影响了用户对网络的使用。因此，我们基于数字化学习平台为每位用户构建了个人网络空间，直接面向应用系统功能模块，个人空间主要是从本职工作、业余学习、服务市民、信息沟通、共享交流等五个维度进行精心设计，实现了个人网络知识管理、个人网络自主学习、个人网络社交三大功能。以南山教育数字化学习平台为例，向大家介绍一下管理者、教师、学生和家长四类角色个人网络空间推送的栏目与内容，如表5－7所示。

表5－7　四类角色个人网络空间推送

角色	栏目内容	内容推送
管理者	首页、公文处理、行政管理、公共信息、个人办公、综合应用、消息传递、个人设置	领导日程、通知公告、待办公文、待阅公文、请示汇报、教育局新闻、常用功能、视频直播、视频点播、业务数据统计、教育前沿、友情链接、教育网站群
教师	首页、教学工作、论坛、博客、网络硬盘、消息传递、个人设置	小学期刊、电子图书、友情链接、应用入口、教学资源（按学科＋学段推送）、教育局新闻、最新公告、视频点播、视频直播
学生	首页、学习生活、消息传递、论坛、博客、网络硬盘、个人设置	最新留言、我的好友、友情链接、学习课程资源（按学段推送）、电子图书、电子期刊、学习资源（按学段推送）、最新公告、视频点播、视频直播、导航条
家长	首页、学校导航、论坛、消息传递、个人设置	招生信息、收费标准、家长学堂、最新留言、我的好友、子女心声、孩子健康、最新公告、孩子成绩、家长期刊

三、同伴教育公共服务平台案例

（一）基础教育跨越式发展的V-Class平台运用

南山区前海小学的许老师正在上语文课“蝙蝠和雷达”，上课伊始，教师就在电子白板上呈现了一个问题导入新课，激发学生的求知欲。在教师给出学习任务后，同学们就在V-Class平台上进行合作探究学习，最后进行学习汇报，集体分享。学习过程中，同学们利用知识可视化工具将所学习到的知识表达出来，通过图、表的方式将课文的语言文字进行图文、图表、文表的转换，用表格理清了课文的脉络，用原理图、流程图来表现仿生学的原理，使语言文字变得立体化、形象化，促进语言能力和思维能力的共同发展。

1. 什么是 V-Class

V-Class 是功能强大，基于学校教学管理及教学需求开发的平台工具。在丰富的学科资源的基础之上，学科教师根据教学要求与教学计划，并根据自己的教学特色，开发网络教学课件，借助于网络教学的一些支持工具，开展双向的远程教学，教学管理系统可以保障这种教学更加高效，也更加规范化。

V-Class 平台是基础教育跨越式发展试验项目中应用的教学平台。南山区是最早开展跨越式课题试验的地区之一，整个项目推进过程分为三个阶段：示范校合作方式，进行前期探讨；区域合作方式，整体推进；试验校联盟合作方式，特色创新发展。

此平台的主要优点是结合语文和英语两个学科特点，与教材配套为学生提供了许多丰富的拓展材料与视频资源，以及答写的交互平台。目前，全区还有 10 所学校参与实验，但每所学校都是根据基础教育跨越式发展试验的理念与思想，结合自己的学校发展个性与卓越课堂的模式，进行创新发展，形成各自的卓越课堂教学模式。

使用案例或使用交流平台：http://www.ecnudec.com/

2. 我们能用 V-Class 做什么

（1）教学资源管理。

流媒体的授课、适应性超媒体学习、测评系统、自动答疑系统、师生交互工具、学习管理系统、基于 WEB 的虚拟实验室。

（2）网络教务管理系统。

教学管理可划分为三个相对独立的模块：课程管理、教务管理和系统管理，它为学生、教师、管理人员提供全面的服务。

（3）教务管理系统。

注册认证、学生学籍档案管理、教师档案管理、数据统计与分析、信息查询、行政公文管理、教师评价管理、学生学习评价管理。

（4）专业与课程管理。

专业的设置、管理，专业课程的设置、管理，培养计划的制定和调整。

（5）网络课件开发工具。

网络课件工具可以针对不同性质学科的特点，将该学科的教学模式抽象为多个可以直接套用的模板，并给予相应资源库的支持。有了丰富的资源和使用简单的教学设计模板，就可方便地完成多媒体课件对交互性的要求。

（二）基于一对一学习的 eClass 平台

深圳市南山区卓雅小学邱老师正在上一节信息技术课“存音乐与转格式”。在自主学习、初步构建知识的环节，利用 eClass 平台的预习功能，老师将录好的课件视频放到 eClass 平台，供学生回家观看预习，并要求学生将自己完成的音乐方式转换的步骤在 eClass 平台中用思维导图表述出来。在学前交流、课堂生成环节，学生通过 eClass 平台小组讨论交流自己从 CD 中把音乐导入到电脑的思维导图。

这节课邱老师运用翻转课堂的教学方式：自主学习构建—同伴互助—小组交流—实践操作—知识拓展进行教学，极大地提高了课堂的教学效益，使学生能够有效地掌握教材要求的教学内容，较好地培养学生的学习能力和合作能力。

1. 什么是 eClass

eClass 是一个整合多个资源的在线教育教学平台。它提供比较完整的教学管理辅助工具，用来帮助教师突破时间和空间的限制，进行更高效、生动的教学。

随着互联网科技和新学习概念的发展而衍生的网上教学是一种新的教学方式。在这种环境内，教学方式发生了一个根本的改变，教学模式由原来的“教师为中心”转变为“以学生为中心”，因此，教师由“教授的角色”转变为“引导者的角色”，学生由“被动的学习者”转变为“主动的协作学习者”。eClass 网上教学系统正是因应这种新教学范式而研发的网上学习管理系统。

eClass 是由香港博文公司的行政总裁郑贤义博士于 1998 年开始领导开发的一个以教学为主体的网上学习系统，并于 2000 年开始提供给学校作为校园综合平台。经过多年的经验累积及因应学校的需求而不断改进，eClass 目前已发展成熟，一系列完善的教学及行政系统让学校不仅提升了教学与行政效果，还可进一步加强师生互动协作，进行个别化教学，达到“以学生为中心”的教学方式，突破了学与教的传统界限。至今，香港已有七百所中小学、大专院校及培训机构采用 eClass 为其科技核心平台，马来西亚、新加坡及中国大陆、台湾、澳门等地亦已经开始使用 eClass，成为当地学校推行电子校园的重要合作伙伴。

目前南山区有 2 所学校利用香港博文公司的 eClass 平台，探索同伴教育环境下的卓越课堂建设，主要是探索课堂中的在线测试、即时反馈、评价统计、小组合作、互动交流。

2. 我们能用 eClass 做什么

（1）eLearning 网上学习。

强大实用的教学工具，让老师能有效运用网上教学资源，配合各式各样的教学及评估工具，轻松实现网上教与学，充分发挥学生的积极性和创造性，提高课堂效率。

（2）eAdmin 网上行政。

让学校能在一个平台上整合相关数据，妥善处理所有行政工作，让教师能腾出更多时间投入教学工作。

（3）iPortfolio 电子学习档案。

帮助学生整理、记录并反思课堂内外所取得的学习经验，老师及家长则可借此掌握学生学习与成长的进展情况。

（4）iTools 个人资讯工具。

一系列个人化网上工具，方便用户管理个人资讯及档案，在平台上拥有个人的作业空间。

（5）eCommunity 网上社群。

让所有学校成员包括领导、老师、学生及家长皆能透过简易安全的平台分享交流，加强沟通。

eClass 是为满足真正的教育需求而设计的系统。相对于其他同类平台，eClass 是特别针对亚洲地区教育工作者而设计的网上教学及行政平台，能提供更贴近课堂的虚拟学习环境、更广泛的教学应用、更强大的网上工具，为教师提供学校课堂以外的强大支援。

（三）改变学习生活的微学堂

深圳市南山区学府中学的陈老师在上牛津英语七年级下册 Unit 6，讲解重点单词和短语前，他布置了学习任务，让同学们课前登录到微学堂，学习 Unit 6 重点单词和短语串讲之二。同学们先做了课前测评的习题，发现问题，然后学习 8 分钟的在线微课程，在线视频结束后再进行课后测评。在正式的课堂上，陈老师让同学们先提出课前学习中碰到的问题，再针对重点内容进行补充讲解，有的问题可以通过同学来解答，知识点学习后再通过习题来巩固。短短一节课，简单、生动、有趣，整个学习过程没有老师口若悬河的讲解，通过测评的情况看，同学已经完全掌握所学内容。

1. 微学堂介绍

在官方网站，微学堂如此介绍自己：面向中小学教育的中国 MOOC，通过以知识点为单元的微课学习流程，坚持“以练助学、查漏补缺”的学习方法，先学前测评，后学习微课，再学后测评，实现高效率学习；通过社区化的学习环境，建立互动学习关系，激发学习者的主观能动性，增强学生的学习兴趣。

体现在产品层面，微学堂有基于 WEB 端的产品，也就是师徒在线的核心内容频道。

“微学堂”为中国中小学生，尤其是中考、高考考生，提供以知识点为单元的短视频微课学习辅导与测评。

网址：http://www.situonline.com

2. 微学堂特点功能介绍

（1）大的特色是围绕着“在碎片化学习时代，如何更好地学习?”这一理念，设计出了一套产品学习流程：学生学习每一个知识点课程前，先做学前测评，根据测评结果决定是否继续深入学习；然后是观看一节时长大约 5～15 分钟的短视频微课，边观看边做笔记，还可以在线提问；学习完成后再做学后测评，检验自己是否掌握了该知识点。简单总结就是：学前测评—观看微课—学后测评。

（2）微学堂目前的课程均为自制。微学堂有一支专业的课程设计与制作团队，负责挖掘全国各地的优秀中小学教师，通过和这些教师的合作，制作出质量优良的微课。

（3）微学堂为教师们提供了优质的微课程资源。有效应用这些优质资源，老师们就不用花大量的时间去学习如何制作 MOOC。微学堂为老师们提供了大量的备课时间，让老师们从繁重的教学中解放出来，专心于自己的课堂教学设计，让课堂更优质高效。

（4）因为是网络课程，趣味性是极其重要的，虽然这些微课源于教材，与各个学科的考试重点相关，但趣味性、知识性又都高于教材，适度拓展，通俗易懂。

目前，微学堂频道已上架了200多门微课程，科目涵盖初高中各年级的语文、数学、英语、物理、生物、历史等科目。其中，针对中高考复习的微课程占比最大。

（5）根据学习法则，学习前有准备地去预习、学习时认真听讲、学后再温习一遍，学习效果最好。因此，学生除了课堂的学习外，在微学堂，学生于课前或者课后，随时能根据自己兴趣、学习弱项和考试需要，有目的、有针对性选择课程来学习。

最近几年，在线教育是一个非常热门的话题，有人认为在线学习方式有可能取代传统教育方式。微学堂产品负责人认为，至少在中小学教学领域，学校有着不可取代的社会教育功能，但线上教育在学习便利和信息获取的快捷性方面，有着天然的优势，所以他们希望微学堂，既是学生课前预习、课后复习的好帮手，更是学生每个学段考试、课外辅导的好能手。

（四）基于E2E概念的习网

南油小学覃老师正在上一堂别开生面、利用网络教学工具进行实时互动的数学课，内容是“重复的奥秘”。覃老师先让学生们登陆“习信”，打开习网的“高效课堂”页面。然后，覃老师打开“高效课堂”教学平台，课件同时在学生电脑上同步显示。课堂上，覃老师讲课生动有趣，学生认真听讲。一部分内容讲完后，覃老师准备了练习题，让所有学生在电脑上练习。学生完成后，可以通过习信“拍一拍”功能把作业拍下来，实时上传到班级群里，覃老师对学生的练习题进行抽样点评、互动交流，学习效果非常好。

1. 习网介绍

中国习网（ciwong. com）是全球第一家推出E2E概念的开放式网络教育平台，提供在线电子作业、在线教室、班级互动空间等网络教育产品。习网不单纯是教学资源发布和学生作业收集，而且是为学习者提供“一站式在线教育和学习服务”的网络学习资源超市。

习网以教育电商模式在PC端和移动端为用户提供各类增值服务和网络广告等服务。通过“教学应用平台”“教育资源商务平台”以及“习信移动平台”三大产品体系满足学校的教学和管理、学生自主学习和互动学习、教学互动、家长参与教育过程等方面的需求，建立互联网教育新生态。习网积极推广新的互联网学习方式，推动教育理念的变革，为学习者提供超市化的学习平台和资源。

网址：http://www.ciwong.com/

2. 习网功能介绍

（1）6v68 教育商城。

习网推进的教育商城，以网购的方式推出在线数字化学习内容超市、学习资源超市，商品包括小学、初中，一直到高考的各类优质学习资源。

（2）习信移动平台。

习网推出的全新学习方式的平台，是围绕学校与真实班级、同学、老师、家人紧密在一起学习、答疑、分享、发现、互动的资源平台。其应用开放平台自动开启全屏独有的上网防护功能，绿色健康，提供海量优质学习应用。

（3）学校应用平台。

习网的学校应用平台，为学校提供各类教学产品，如网络集体备课（同步备课、集体备课、名师工作室）、有效课堂（高效课堂、翻转课堂）、电子作业（配套练习、网络作文、报听写、仿真实验）、核心资源（电子题库、电子题册、课程、课件、导学案）等。

第三节　同伴教育学习工具

一、微博

南山区后海小学二（1）班的齐老师刚上完语文课，还没来得及给同学们发作业信息，打开电脑登录微博的时候，发现 Harry 的微博已经把作业发上去了：可爱的小朋友们，今天的语文作业抄了吗？（1）订正“语文能力训练”。（2）完成“语文能力训练”第三课和第四课。（3）完成 32 课课件。齐老师马上转发了 Harry 的微博，并点赞：“好帮手！”

“二（1）班的同学注意了，我们本次习作是写出自己对未来世界的幻想，而不是写日常生活中的梦境。朱萌鑫对题目的理解是正确的，我转发了她的作文，供大家参考！”

哇，原来二（1）班每个同学都有微博，齐老师还经常关注同学们的微博呀！同学们经常在微博上写作文，还互相加关注，写评论。微博让同学们之间随时随地都可以进行沟通交流，同时也提高了他们的观察和写作能力，难怪二（1）班孩子的写作水平那么高。

1．什么是微博

微博，微博客 MicroBlog，是一个基于用户关系的信息分享、传播以及获取平台。用户可以通过互联网、手机网络以及其他各种客户端组建社区，以 140 字左右的文字更新信息，并实现即时分享。它比论坛、博客等方式有着快速简洁的优点，多用于师生发布和出版个人作品、表达发布个人意见，拓展学生学习兴趣。

2．我们可以用微博做什么

（1）头脑风暴。

不管是课上还是课下，教师可以建立一个微博主题，师生可以组建一个微博团队，大家在其中可以畅所欲言，再也不是单调的“灌输式”学习，而是一种新形势的头脑风暴和协作学习，从而彻底激发学生的学习热情。

（2）协作学习。

利用微博即时互动的特点，大家在互动和交流中一起去完成学习任务。在教学中使用微博也可以调动学生的积极性，充分开发学习者潜能，增强团队协作意识，培养学生的集体荣誉感和人际交往能力。

（3）家校沟通平台。

与传统的 BBS 不同，微博鼓励父母和其他社会成员共同参与到学校的讨论中。参与者不仅仅是学生，还有老师与家长。这种方式让学校内部的成员之间、学校内部成员和外部成员之间、个人（教师、学生、家长）与学校之间可以进行更好的沟通，进行相互之间的协作。使得老师和家长更加了解学生的思想，缩小彼此之间的代沟。

（4）知识记录与积累。

微博的一句话形式，可以让出门没带笔纸的人随时记录下脑海里突现的灵感或看到的新鲜事物。微博的共享功能可以使大家共享所有的资源，化个人智慧为集体智慧，充分利用集体智慧。

二、微信

南山区育才四小五（二）班英语课，李老师在上“旅游”travel 一课，让学生扫描二维码后进入投票界面，选择自己喜欢的旅游地点，教师将投票最多的地点作为研究地点，学生进行针对性的研究，最终进行小组展示并介绍，整节课学生非常活跃，也了解了微信二维码的功能。

南山外国语学校信息中心向腾讯公司申请了学校的微信服务号，名称为“深圳市南山外国语学校（集团）”，如图 5－4 所示，把学校宣传（微门户）、家校互动、应用中心（各种应用，包括微课、班级相册等）融合在一起。用户通过微信→通讯录→服务号→查找公众号→学校名称，就可关注南外微信服务号，也可“扫一扫”南外二维码关注。通过关注南外微信服务号，可以及时了解学校的教育动态，了解学生班级动态，基于移动互联网的教学应用，家长与学校班级教师互动沟通。

图 5－4　深圳市南山外国语学校（集团）微信公众号

1．什么是微信

微信是腾讯开发的一款基于移动互联网的即时通信工具，于 2011 年 1 月 21 日正式上线推广。由于微信简洁的操作、优秀的产品体验、为移动优化的设计等众多特点，从而导致微信获得爆发式成长，截止到 2017 年 6 月底，微信用户已经达到 9.63 亿。

微信是继博客、电子邮箱、网络论坛、在线聊天之后出现的第五种网络交流载体，有人将它誉为“互联网的第五块里程碑”。用户可以通过手机、平板电脑、网页快速发送语音、视频、图片和文字。微信提供公众平台、朋友圈、消息推送等功能，用户可以通过摇一摇、搜索号码、附近的人、扫二维码方式添加好友和关注公众平台，同时微信也可以将内容分享给好友以及将用户看到的精彩内容分享到微信朋友圈。

随着信息化进程的加快推进、4G 网络时代的到来，移动设备、智能手机逐渐普及，各种 APP 的便捷应用快速地融入了人们的生活。微信的应用打破了人们以前单靠手机短信收发信息的固有模式，也使微信迅速占领了市场。将微信技术充分应用到学校的教育教学和管理工作中去，可为学生、教师、家长提供更好的服务。

微信本身并不是一个类似数据库一样的学习资源载体，而是一个可以快速整合网络学习资源的强大的平台。在移动学习中使用微信并不是我们的目的，而是我们所尝试的提高移动学习效率和积极性的方法和平台。

2. 我们可以用微信做什么

（1）用于互动式的学习。

现代社会生活节奏较快，不论是教师还是学习者，都无法抽出连续的时间进行一对一的沟通和学习。而微信所提供的免费聊天环境和实时留言、消息推送等功能，适合学习者随时随地向教师提问，以及教师对学生反馈的快速响应。教学双方在不断的留言交流中，可以实时建立一对一的沟通环境，而无须专门的预约和安排。

（2）朋友圈功能是传统教学模式的良好辅助。

任何一个在现实中实际存在的班级学习组织，都可以通过微信平台提供的圈子在网上建立实时交流和分享的平台。通过班主任和教师推送消息，可以实现学习内容的快速分享。而不同兴趣爱好者之间通过搜索功能，可以在微信上建立虚拟班级和虚拟课堂。

（3）通过其强大的分享功能，可以将网络上的所有教学资源整合起来。

通过二维码、推送等功能，学习者可以通过微信连接到互联网上几乎所有的学习资源，进而实现了学习资源的有效利用。

三、即时通信工具 QQ

早上 8 点钟，热闹忙碌的校园生活才刚刚开始，南山区学府中学值周老师就在学校 QQ 群里反馈值周情况。

9 年级早读情况：

（1）各班早读情况良好，各班学生或在晨读，或在晨写。双击查看原图。

（2）4、5、6 班三位班主任也早早到班——这三位昨天晚上下课也比较晚，

9 年级 4 楼三个班拼得厉害啊！

（3）少数晚到同学不知道着急，路上还在谈笑风生。

QQ 对于所有人来说已经不陌生了，而且 QQ 的运用已经成了人们的一种习惯，无论是工作、学习还是生活中，QQ 已经成为人们进行交流、学习和分享的重要工具。

上面是 QQ 在学校教学管理中的一个简单应用。一个学校除了全校群，可能还有年级群、党员群、班主任群、科组群等。班主任也会建有家长群，用于家校沟通，召开网络家长会、进行话题式讨论等，实现无边界的学习和管理。

1. 什么是 QQ 即时通信系统

QQ 即时通信系统是一种可以让使用者在网络上进行实时通信的工具，可以让用户迅速地在网上找到朋友或工作伙伴，可以实时交谈和互传信息。

QQ 在中国即时通信市场上占据绝对领先地位。1999 年 2 月，腾讯正式推出 QQ，当时在线用户只有两人，十多年来 QQ 功能在不断地增强和完善，截止到 2017 年 6 月底，QQ 用户已经超过 10 亿，给办公、教学、管理带来了很多的便利。

发展到现在，QQ 不仅仅是简单的即时通信软件，它与全国多家寻呼台、移动通信公司合作，实现传统的无线寻呼网、GSM 移动电话的短消息互联，是国内最为流行、功能最强的即时通信（IM）软件。腾讯 QQ 支持在线聊天、即时传送视频、语音和文件等多种多样的功能。同时，QQ 还可以与移动通讯终端、IP 电话网、无线寻呼等多种通信方式相连，使 QQ 不仅仅是单纯意义的网络虚拟呼机，而是一种方便、实用、超高效的即时通信工具。

2. 我们可以用 QQ 做什么

（1）实现个别辅导。

QQ 可以用文字一对一即时交流讨论教育教学问题，也可以进行语音视频聊天，像电话一样与远方的朋友一起探讨教育教学问题，同时可以点对点传送大容量的文件，及时进行互动交流探讨。通过 QQ“远程协助”还可以直接对电脑操作类的问题进行辅导。

（2）实现教学资源的传输和共享。

利用 QQ 的文件传输功能，我们可以进行教学资源的传输。教师可以及时给学生传输一些与学习内容相关的资料，供学生参考。学生们也可以积极地行动起来，把找到的与学习内容相关的资料进行传递，共同进步，从而整体上提高教学效果。

在群共享空间中，学生和老师都可以将自己的文件上传到群共享空间中供对方下载。教师通过这种功能可以很方便地布置作业或任务，也可以从该共享中方便地收取作业。引申开来，学生和教师都可以将自己找到的好的学习资料上传到该共享空间中供大家分享学习，从而实现资源共享。

除上述资源共享的途径外，QQ 硬盘可以随时存储我们在网络上的各类资源。

（3）利用 QQ 群布置作业、完成在线调查。

QQ 群还增加了作业功能，支持分学科作业的布置，并支持文字、图片、视频、文件等作业的方式，作业布置后会以置顶的方式显示，保证群里每一位成员都能够看到。此外，QQ 群还支持学生在线提交作业，勾选此选项后，学生在线提交作业的情况一目了然，教师也可以随时进行查看和评价。值得一提的是，目前 QQ 群作业也创建了涵盖从小学到高中各科的微课视频库，每个微课视频都包含相应的习题，教师可以直接选择库中合适的视频作为作业布置给学生，拓展学生的学习资源。

QQ 群还支持群投票功能，教师可以设置简单的问卷，快速高效地完成在线调查。

（4）应用 QQ，建立学习共同体。

一个班级经常联系的朋友、有共同学习目标的人群可以建立 QQ 群，可以在 QQ 群发布信息，加入 QQ 群的成员可以及时了解群体发布的各种信息。

在 QQ 群的公共信息类内，群组成员随时可以看到最新的教学信息和学习动态，不懂的问题，能及时向老师请教，其他学生也能一并学习提高。学生之间可自主交流和讨论，老师也能更快地掌握学生的学习情况，并在教学中反馈。这种形式更轻松、更愉悦，互动性和自主性更强。同时，信息的透明化对教学体系也是一种较好的监督。

（5）建立各类 QQ 群，进行分级分类管理。

可以利用 QQ 的群功能，建立一个班级 QQ 群，在这里可以实现全班同学之间的交流。同时班主任也可以加入其中，通过和学生的网上交流及时了解班级学生的情况，掌握他们的最新动态。在 QQ 群里还可以发公告，班级事务可以通过公告的方式发出来，让同学们及时收到消息。

四、网盘精灵

实验学校的刘老师在云盘上存储了很多以游戏为主的识字课件，阅读课上，同学们要打开识字游戏课件，进行识字阅读。孩子们手上都拿着安装了“keynote”的iPad，只见孩子们打开iPad上的keynote，点击右上角的+号，在出现的页面上点击“拷贝自WebDAV”，选择所需要的课件，不到一分钟，所需要的课件就下载到手中的iPad上了。

课后，同学们录制自己朗读和吟唱的视频，通过“网盘精灵”上传到云存储服务器上，老师可以及时了解学生的学习情况，同学们也可以互相分享学习成果。

在以iPad和无线网络为基础的同伴教育环境中，为提高课堂教学效率，教师的课件、学生学习的资料、布置的作业，学生提交的作业、师生间进行交流分享的文件都存储在大容量的云存储系统中。如何在云端快速地把自己需要的资料找出来，让“云课堂”更优质高效，这离不开能方便访问云存储的工具。Apple APP Store中的“网盘精灵”就是移动互联学习时代一个十分便捷的学习工具。

1. 什么是网盘精灵

Apple APP Store中的网盘精灵是用于云存储和分享的工具。让iPhone、iPod、iPad变成WebDAV客户端，支持从WebDAV服务器上下载文件和上传文件。

2. 什么是WebDAV协议

WebDAV（web-based distributed authoring and versioning）是一种基于HTTP 1.1协议的通信协议。它扩展了HTTP 1.1，在GET，POST，HEAD等几个HTTP标准方法以外添加了一些新的方法，使应用程序可直接对Web Server读写，并支持文件锁定（Locking）及解锁（Unlock），还支持文件的版本控制。iPad上常用的教学软件都支持WebDAV协议，如keynote，pages等。WebDAV服务器建立简单，只需在Windows 2003 IIS服务器中开启WebDAV扩展服务即可。

3. 我们可以用网盘精灵做什么

（1）从云存储中快速搜寻资料。

在大数据时代，课件、学习资源、音乐、书籍、软件等学习资料都存储在云存储中，运用网盘精灵可以快速搜寻云存储上的学习资料。

（2）WebDAV 操作。

新增、修改、删除 WebDAV 服务器，支持多种文件或文件夹下载和上传，支持文件在线查看，支持文件夹在线新建。

（3）文件共享。

Wi-Fi 文件共享，支持 Safari、Chrome、IE 等主流浏览器。以附件的形式多文件 E-mail 发送。与软件之间共享文件，调用外部程序打开文件。

（4）本地文件管理。

支持新建文件夹，支持文件和文件夹的复制、剪切、删除、重命名、压缩和解压操作。支持书签操作，快速定位文件位置。支持名称排序、时间排序、文件类型排序。

（5）本地文件查看。

支持纯文本的新建，文本的复制、剪切、粘贴、替换。内置图片查看器，支持对图片的压缩、导出。内置多种文档阅读器，可以打开 . ppt，. pdf，. doc 等常见的文档。内置视频播放器。支持文件的压缩与解压。

五、云盘—云端的存储

实验班的语文老师正在上“画家乡”的语文课。教师提前将要学习的内容和学习方法等资料提前发到班级云盘上，同学们登录云盘下载、预习，并将自己在学习过程中遇到的问题和困惑及时上传到学习社区。小组合作学习时，孩子们利用手中的平板，打开老师准备在云盘的备课资料，相互交流。学习结束时，同学们将自己的研究学习成果上传到云盘。整个过程，教师鼓励学生利用云端存储的资源各取所需，拓展学习。

以移动互联和平板触控技术为核心的同伴教育时代，应用平板电脑学习已经成为一种潮流和趋势，目前常规的平板电脑为 16G 和 32G。然而大数据时代的学习内容完全采取图片或流媒体形式进行展现，而非传统的文字形式，因此，往往几个学期的文件便会用尽本机的存储空间。在这样的情况下，云端存储便为这个问题提供了最有效的解决方案。

1. 什么是云盘

云盘是互联网存储工具，是互联网云技术的产物，其通过互联网为企业和个人提供信息的储存、读取、下载等服务，具有安全稳定、海量存储的特点。

目前比较知名、服务较好的提供云盘的服务商有百度云盘（百度网盘）、金山快盘、够快网盘、微云（腾讯）等。

2. 我们能用云盘做什么

（1）大容量的个人资料存储。

云盘是一种专业的网络存储工具，可随时随地存放数据和重要资料。云盘提供超大存储空间，不限单个文件大小，支持10TB独享存储。

（2）方便快捷的学习和分享。

云盘相对于传统的实体磁盘来说更为方便。用户不需要把储存重要资料的实体磁盘带在身上，却可以通过互联网，轻松从云端读取自己所存储的信息，或者把自己存储的资料跟好友分享。

（3）高可靠性低成本的存储。

常见云盘所使用的存储设备，其存储的安全可靠性能达到五个9（99.999%），远高于我们常用的硬盘，用户不用担心由于硬盘的损坏带来的数据丢失。云盘访问的密码和手机绑定，空间访问信息随时告知。

云盘提供高灵活性和按需功能的新一代存储服务，从而防止了成本失控，并能满足不断变化的业务重心及法规要求所形成的多样化需求。

六、电子资源

学习电子资源系统由公共资源数据库、个人资源库、资源管理系统、资源查询系统、教师角色应用接口、学生角色应用接口六部分构成。通过资源超市平台系统及其他应用系统集成，针对各种异构数字资源进行应用检索整合。为用户提供统一的检索界面和统一的检索语言，使用户能对各种资源系统同时检索，对多种异构系统进行联邦检索、语义检索。

随着教育云的不断发展，资源在不断增多、膨胀，如何快速获取所需的资源是学习者面临的重要问题。通过为学习者提供资源集成和推送服务能够有效地解决这一问题，促进学习效率的提升和学习体验的改善。以下是通过对全区师生资源使用情况的问卷调查分析，汇聚于学习资料超市之中的全区师生常用、喜用、好用的资源类别。

1. 各版本的电子教材

本类资源是按学科集成各版本的电子教材，将来发展成类似如 iBook 类的电子教材，供学生学习、知识的拓展、个性自主选择学习，如人民教育出版社、北京师范大学出版社论坛。

2. 教材配套的有效特色资源

本类资源全部来源于本区一线教师的推荐与自身资源的共享，再通过教研室教研员组织优秀名师按课程体系进行筛选与修改，建设“学案库”与“练习库”等，确保“一课一包，一包一优质”，充分体现了教育资源的区域性、有效性。

3. 集成的成品资源库

该资源库针对本区选用的中、小学各科教材版本，从市场上选用全区教师认可的教学资源，再通过数字化教学平台进行集成、推送，并与国家、省市的教学资源管理平台进行无缝对接。如：南山目前选用并整合的世纪阳光资源库、智乐园资源库、东师理想资源库、仿真实验室、全国优秀课例、图片库、深圳市优秀课例展播、广东省基础教育网、中国基础教育网、国家基础教育资源网、中国教育资源服务平台等。

4. 基于微视频的资源库

该资源库收集了1700 多集视频资源，包括优秀课例、微课、名师名课、高考难点辅导、安全教育、教材辅导、第二课堂综合视频资源等，供师生、家长自主选择性学习。

5. 电子期刊库

该电子期刊库收集了2000 多种电子期刊，每种期刊提供了自 2000 年至今每期的所有文章。该库分镜像与包库两种入口，镜像是过期期刊的入口，包库是最新期刊的入口。这 2000 多种电子期刊可以根据用户角色进行期刊推送，如小学生推送自己喜欢读的期刊，自己也可以订阅。

6. 电子图书库与图书馆集群系统

该库已经购买了 4 万册电子图书，可以供全区师生使用，并能分角色、分年级进行好书推送，以及开展同读一本书的活动。图书馆集群系统实现了全区各公办学校文本图书资源的共享，师生们可以解决全区公办学校范围内查询图书的难题。

七、学科小工具

学习工具作为学习的辅助产品，为学习提供了更多方式和途径，极大提高了学习的效率和质量，有利于学生的知识梳理、知识内化和认知建构，促进了有效学习、深度学习的发生，在学习中越来越发挥着支撑性作用。在区域教育云的建设中，学习工具集的建设是非常重要的一部分，将学习工具按照学科应用规划建设如图5－5所示。

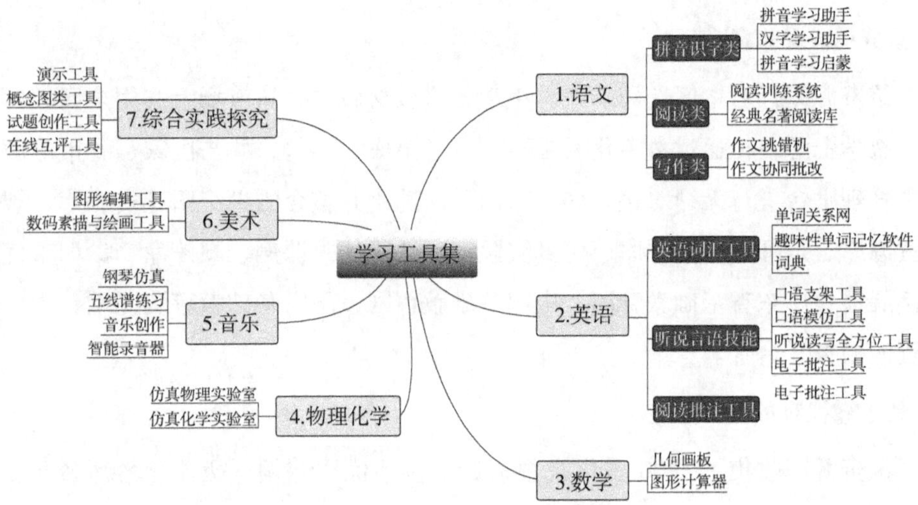

图5－5　学习工具集建议

1. 语文类工具

（1）拼音学习助手：能够制作精美、华丽的汉语拼音Flash教程，含详细的拼音及例词、发音规则等，同时针对儿童注意力不集中、容易厌烦学习的特点，伴有丰富的动画，因而，寓教于乐，在学习过程中充满乐趣。

（2）拼音学习启蒙：专门针对幼儿和儿童设计的幼儿学拼音软件，利用有趣的儿童动画的教学方式，让孩子能够轻松掌握声母、韵母、音调的读法和写法。同时内置动画程序，自带练习功能，孩子们可以边读边练习。

（3）汉字学习助手：集独创的、传统的汉字教学理论于一体，集现代汉字书写、拼音于一体。其提供了十几种专业化学习、教育、赏玩、统计、研究汉字功能和策略技巧（游戏、字词音义集合、笔画分段）。

（4）阅读训练系统：针对学生设计的开发全脑及眼商、提高阅读速度的教学软件。它选用大量可读性强的阅读材料，设计以建立眼脑直映为目的的脑训练、眼训练等主要功能模块，将快速阅读方法同阅读实践相结合，采用十几种科学实用的快速阅读训练方法、过程性的训练系统、多样化的训练方式。

（5）经典名著阅读库：集成丰富的适合不同年级、同时与学生课本较为同步的阅读素材，提供名家名篇，同时集成教学互动。

（6）作文挑错机：可以快速检查出作文中可能存在的文字差错，列出勘误表，供修改时参考多功能字典。

（7）作文协同批改：能够由电脑自动书写作文的中小学生作文写作软件；作文之星还集成了多种辅助写作工具，如辞海成语词典、唐诗精选、宋词精选、元曲精选、名人名言精选等；同时能够提供电脑辅助写作、考试书面写作的练习。

（8）工具书：包括新华字典、汉语成语字典等，主要是帮助学生在学习过程中进行查询，方便、快捷，从而不影响或打断学习的连续性。

2. 英语类工具

（1）单词关系网：呈现了丰富而且复杂的词汇语言关系，但其排列方式呈线性方式，如查阅“train”后，自动列出其名词与动词的所有意思，并且还可列出单词近义词、同义词、反义词等相关知识点。此工具信息含量大，可以深度剖析任何一个单词，比较适合高中以上水平的学习者使用。

（2）趣味性单词记忆软件：基本提供单词学习的全套功能服务，如自主选择教材、导入单词、单词初记、强化复习、游戏记忆、单词检测、单词筛选、学习统计、错词库等，旨在通过联想记忆、游戏记忆的趣味方式帮助学生牢记单词。

教师在进行单词教学中，可以恰当运用趣味性单词记忆软件帮助学生记忆，如单词初记、强化复习、趣味打靶、听力实战、打字神功、休闲记忆、拼词游戏、词义回想、单词筛选、单词读音、词库维护、例句天地等功能。

（3）词典：结合了互联网在线词典和桌面词典的优势，“权威词典 + 网络释义”的组合将各类新兴词汇和翻译收录其中，并可提供多达 30 条的例句参考，新增的全文翻译、百科全书及网络单词本打通移动学习与在线学习。

（4）口语支架工具：让学习者从阅读和听中获得有关英语学习的信息、知识，结合自身原有英语知识，通过学生的思考消化，然后再交流应用的过程。通过认知模仿、重复、变换和选择等步骤不断巩固所学的内容，并进行造句练习，选择某些词汇、成语和句型，用来描述特定的场面、情景或某一事件，以培养学生能运用学过的内容进行交际实践的能力。

（5）口语模仿工具：可以将任何音视频文件作为学习资料，自动为音视频文件断句、生成波形图，进行听力、口语、复读练习。在听力练习过程中以波形图为主导，音视频文件均有波形显示，便于选取复读区间，学习者可以随时随地一键跟读，进行局部有重点复读。另外，音视频播放采用波形同步显示。最后，具有强大的听写功能，提供了抠词听写、单句听写、自由听写功能，可以实时校错，生成听写汇报。

（6）听说读写全方位工具：是国内英语教育的一款共享软件，主要从“听、说、读、写、译”五方面全方位地帮助学习者形成英语语言运用的综合能力。听：以可爱的卡通人物的对话形式，以纯正英语朗读精选的口语例句及小说文章，富于娱乐性；说：即跟读对比功能。通过与标准英语的对比，可以纠正自己的发音错误，检查重音和语调是否正确。反复大声地说，反复地对比，一直到能够脱口而出标准的英语；读：所有资料均可选择英汉对照显示或只显示英文（单击时提示该段中文）、只显示中文（单击时提示该段英文）。写：英语日记本功能，包含基本写作教程、上百篇范文、上万条例句、几十种分类词汇，每天写一点，进步看得见。记忆单词：包含初高中、大学四六级、托福等各级别词汇，功能和易用性远胜过多款商业背单词软件。原声播放：可以整理和播放英语语音文件，如 MP3 文件、RM 文件等目前流行的绝大多数格式媒体文件，可以自己增加英文原文和中文译文并自动保存。

（7）电子批注工具：可以集成到 IE 浏览器中，当用户安装完客户端安装程序时，打开 IE 就会看见它出现于视窗的左边。同时，提供了形式多样的“立可贴”（图形、文档、画笔），可以让使用者任意取用。使用者也可以在网页上任意用“笔”圈选，让该段文字或图片凸显出来，而且这些“圈点”及“立可贴”都会自动记录在记录文件里，当下次开启曾经做过标记的网页时，会自动将用户之前的标记显示出来。

3. 数学类工具

（1）几何画板：是一个通用的数学、物理教学环境，提供丰富而方便的创造功能，使用户可以随心所欲地编写出自己需要的教学课件。软件提供充分的手段帮助用户实现其教学思想，只需要熟悉简单的软件使用技巧即可自行设计和编写应用范例。范例所体现的并不是编者的计算机软件技术水平，而是教学思想和教学水平。

（2）图形计算器：通常指一种能够绘制函数图像、解联立方程组以及执行其他各种操作的手持计算器，大多数图形计算器还能编写程序。由于它们的屏幕较大，因此也能够同时显示多行文本。一些图形计算器甚至有彩色显示或三维作图功能。

4. 物理化学类工具

（1）仿真化学实验室：专门针对化学教学而精心打造，既是化学课堂中的教学平台，也是化学教师的课件制作平台和学生的交互式学习平台。

（2）仿真物理实验室：是面向中学物理课堂、物理教师和学生的、一个全开放性的物理实验仿真最新软件。它与常规的物理教学软件不同在于：不是单纯演示几个现成的实验，而是提供一个实验器具完备的综合性实验室，教师可以亲自动手创建自己所能想象的所有实验。

5. 音乐类工具

（1）钢琴仿真：是为智能手机设计的钢琴键盘模拟器，出现真实的钢琴声音。使用这个应用程序，可以方便用户学习钢琴。

（2）五线谱练习：所有开放的功能没有任何次数、画面、时间等限制，均可任意使用。软件模拟标准 61 键键盘，对乐谱中的高低音、单音、和弦、半调等反复练习强化记忆，短时间内就能使用户熟练掌握五线谱，演奏达到行云流水的境界。

（3）音乐创作：一款数码音乐创作软件，它允许用户创作音乐。

（4）智能录音器：提供一套丰富的系统设置来进行控制录音，可以快速跳回到录音的重要部分；支持在拍照的时候录音；没有声音时自动暂停录制；手机处于睡眠模式也可以录制，还提供了各种方法来传输到计算机。

6. 美术类工具

（1）图形编辑工具：处理以像素所构成的数字图像，可以有效地进行图片设计与编辑工作。

（2）数码素描与绘画工具：它专门为数码艺术家、插画画家、设计师及摄影师而开发，帮助他们使用数码技巧，模拟传统绘画的效果，如水彩、水墨、油彩、颜色笔、马克笔、粉笔及彩色粉笔等绘画工具，在电脑上将传统的绘画方法和电脑设计完整地结合起来，形成了其独特的绘画和造型效果。

7. 实践探究类工具

（1）演示工具：以全新的方式颠覆了演示文稿的呈现形式。文本、图片、视频和其他一般的演示对象均可以嵌入到这张“画布”中。不必换页，因而可以通过平移、聚焦、放大和旋转等功能来实现非线性演示。这意味着，仅用一张幻灯片即可实现海量内容。

（2）概念图类工具：能够便捷地制作软件流程图、组织图表、时间线、市场图表等的工具软件，能够简单快速地在文档中创建看起来非常专业的图表和插图。通过可视化的组织本地计算机或是因特网上的文件来管理信息资源的工具，导航功能可以使用户快速定位到自己所需的文件，从而提高工作效率。

（3）试题创作工具：专门用来制作交互式练习的软件，无须编程，只要会输入文本便可以制作出 Web 页面的交互式课件。Hot Potatoes 有五个子模块，分别用于制作简答题（JQuiz）、填空题（JCloze）、配对题（JMatch）、排序题（JMix）、填字题（JCross），另外还增加了一个模块（The Masher）可以将各种题组合在一起，生成包含各种类型题目的网页（index）。

（4）在线互评工具：通过在线设置试题、生成试题及回答试题、统计结果来对学生的英语能力进行测试。这类工具除了具有普通的试题测试功能外，还可以自动统计多名学生的回答结果，并对回答结果进行分析。教师可以参考分析结果，了解到学生在哪些语言能力点上掌握得不足，从而在教学内容上进行相应的调整。

八、测评小软件

测试与反馈软件主要是采用自适应测评技术，汇聚了各类名师的经验与智慧，将现代教育理论和 IT 技术进行了完美的整合，根据学生作业过程与评价过程，通过大数据的分析，给教师、学生，以及家长一个决策的反馈。对于学校而言，它能全面提升学校的整体教学教研水平，提升学校的教学质量；对于教师而言，它能大大减轻教师的工作负担，提升课堂教学效率；对于学生而言，它在减轻学生学习负担的同时，可全面提升学生的学习能力和成绩；对于家长而言，它可以全面地了解孩子的学习状况，从而进行有效的监管。

测试与反馈系统的基础是一套详解题库资源系统，每道题目都有详细的分析、解答和点评，并保持快速及时更新。针对不同的用户，系统有两个主要的子系统：教学测评管理系统和自适应学习测评系统。

1. 教学测评管理系统

教学测评管理系统能帮助教师轻松完成搜索试题、组编试卷、布置作业、批改作业、学生学习数据分析等工作。一方面，大大减轻找题、录题、组卷、批改作业等工作负担，使教学精力转向更有价值的教学研究上来；另一方面，通过精确的数据分析，帮助他们快速发现学生的知识点、学习方法、学习习惯等方面存在的问题，从而据此实时调整教学重点，可极大地提升教学效率。

2. 自适应学习测评系统

学生可利用自适应学习测评系统同步检测知识掌握情况，快速找准知识薄弱点；然后，系统会提供有针对性的练习题，帮助学生进行有效训练，及时解决知识弱点；另外，系统会帮助学生自动整理错题，并且进行错题的订正练习，及时消化错题；最后，学科老师（含班主任）利用数据分析管理平台，实时分析每个学生的学习状况，并针对出现的问题对学生进行跟踪辅导，以确保学生养成好习惯、掌握好方法，从而快速提高学习成绩。

第六章
同伴教育实践案例

纸上得来终觉浅，绝知此事须躬行。

——陆游

同伴教育除了面对面的实体同伴教育外，更实用、更广泛的是一种依托于现代技术的混合式同伴教育方式。技术专家、教育家阿兰·凯伊说过，“预测未来的最佳方式，就是创造未来”。技术的介入，不仅促进了学术研究的繁荣，也给教学改革和实践创新带来了新的动力，更是给混合式同伴教育的推进创造了平台。教育信息化快速发展的十多年中，不少在教学一线的教师也承担起“创新代理人”的角色，走在教学改革和创新的前沿，开展了大量卓有成效的关于推进混合式同伴教育的研究和实践，提供了富有创意的实践案例。本章将以生生同伴、师生同伴、家生同伴与师师同伴四个角度的实践案例，为开展同伴教育活动提供借鉴和参考。

第一节　生生同伴的实践案例

一、案例一：同伴阅读，共同悦读[①]

（一）引言

众所周知，阅读带给孩子许多好处。同伴阅读则是指通过“同伴”积极主动的交流和帮助来获得或者巩固掌握阅读知识及阅读技能的学习过程。这种方式有利于同伴之间的情感沟通和信息交流，有利于思维的撞击和智慧火花的迸发。小组合作学习为每个成员创造了平等参与的机会，弥补了教师无法照顾到每个学生的个别差异的缺憾，实现了因材施教的教学要求。这种阅读教学不仅能激发学

① 本案例根据深圳市南山区育才教育集团育才二小梁丹曼老师提供的资料整理。

生的学习兴趣，提高阅读能力，还能培养学生发现、分析和解决问题的能力。国外的一些研究发现，同伴合作阅读不仅能够提高儿童的词汇、阅读理解水平，还能显著提高儿童的口头语言表达和写作水平。由此可知，同伴合作阅读是提高儿童阅读水平的一个有效方法。国内对合作认知的研究表明：6 岁儿童的合作认知已达到较高的水平，知道在面对问题时可以与同伴合作解决。因此，小学低段语文教师完全可以通过合作阅读的方式对儿童进行阅读教学。

（二）活动概述

同伴教育的特点在于尊重、平等，其形式活泼、参与性强，非常适合小学低段学生的年龄特点。因此同伴阅读核心就包含在读前的自主学习、读中的同伴分享及读后的互动评价交流三环节之中。而交流的目的是让学生学会思考的方式、解决问题的办法以及改变原有的态度，同时阅读能力得到相应的提高。本校语文组开展的“同读一本书”系列活动，很好地体现了同伴教育的理念，较好地实现了同伴合作阅读的优势。下面就此活动作进一步阐述。

1. 选好同伴阅读的书

推进阅读活动之前，除了端正阅读观外，还要考虑每个学习阶段的孩子对阅读不同的选择取向。过低没有得到阅读学习的效果，没有趣味而言；但一味拔高，势必会造成揠苗助长的反效果。而且同伴阅读要照顾到全班每一位学生的阅读能力和阅读水平，若失去了阅读的趣味与交流的意义，那么同伴阅读的教育效果，也会大打折扣。因此，这次三年级同伴阅读系列活动中，我们给三年级孩子选择了七本适合同伴阅读的书籍，分别是《爱上读书的妖怪》《吵闹村的孩子》《鼹鼠的月亮河》《小荷马的大冒险》《尼尔斯骑鹅旅行记》《吹牛大王历险记》及《妖精的小孩》。这些书籍中外结合，以故事读本为主，非常适合小学中段学生的阅读能力与水平。

2. 同伴组成员的构成

有研究表明，由不同阅读水平儿童组成的合作阅读小组，可激励水平相对较低的儿童，使其对阅读有较为积极和正向的感受。通过同伴合作学习和互动，儿童之间相互分享理念和信息资源，从而使得他们对新信息的理解最大化。不同水平的儿童组成的小组合作阅读对各水平的儿童的阅读发展都有利。在与同伴的合作阅读的互动过程中，阅读水平相对较高的儿童扮演了教师的角色：向同伴解释阅读材料并提炼主题思想，就阅读内容回答同伴的提问。而相对水平较低的儿童扮演了学生的角色：聆听同伴对阅读内容的解释，将他们自己对于阅读内容的理解与同伴相比较，对阅读内容提出问题。也就是说，这种不同水平儿童混合阅读对于小组内水平高的儿童和水平低的儿童都有利。在安排分组环节时，给予学生宽松的选择环境，尊重学生的选择。因为在阅读小组的分配过程，也是学生同伴交流、接受同伴影响的过程。

3．信息技术有力支持

信息技术对当今的社会发展产生了深远的影响，改变着教育教学方式和学习方式。信息技术空前地提高了人们的学习兴趣，极大地拓展了教育教学的时空界限。利用信息技术提供课外阅读资料，由孩子们自主扩展阅读，不论是阅读的数量还是质量与传统阅读教学相比都是不可同日而语的。电子杂志、有声阅读、阅读笔记、有书共读等各类阅读平台与 APP 支持多渠道辅助阅读活动有效开展，在提高学生的阅读兴趣和阅读量的同时，实现自我阅读、自读自悟、同伴互动、交流感悟，为小学生的阅读能力成长打下良好基础。当然，这方面要先与家长进行有效的宣传与沟通，在阅读方面，信息技术的介入不能过于“敏感”，两者之间并不是相对而言。

4．同伴阅读方法指导

同伴阅读与平时的个人阅读既有相似之处又有不同之处。小学生尤其是低段的孩子，教师应该开展专门的阅读方法指导课，进行有的放矢的指导，让同伴阅读不流于形式，不是聚集在一起的“个人独立的阅读”学习过程。同伴阅读方法分四步骤，分别是：

（1）同伴轮读，让人人都能读顺读通。把书籍中的某些重点段落读顺读通，是理解阅读材料的前提。在同伴合作阅读中，每个儿童对阅读材料的理解可能不尽相同，各种观点相互补充，从而达到理解阅读材料的目的。在阅读小组初次合作中，要求学生采用轮着读某一章节或合作读某一片段等各种方式，读后给予评价。这环节还可以延伸到课外，学生可将朗读的录音材料分享在群里，其他成员进行评价及点赞。不要忽略“开口朗读”，开口朗读是培养阅读能力——语感的必要手段，也为接下来的同伴阅读打好基础。

（2）同伴问答，让人人都会质疑问难。大家都明白“会问问题的孩子最会读书”。因此，在同伴阅读教育中，学会提问，学会提有价值的问题，让学习伙伴在这一过程中得到收获，是非常可贵的学习资源。首先老师要指导学生学会用批注笔和便利贴在书上批注，也可以准备很多的小问号便利贴。每读一本书，学生都要对书名、每一章节、某个词语或句子，提出自己独特的见解，在同伴阅读中互问互答。如果同伴合作阅读中有未能解决的某些问题，可以将其贴在书上相应的位置，由学生、老师或家长们在网上围绕一个主题进行交流。这样的交流方式会很好地落实同伴互动、共同学习的效果。

（3）同伴互动，让人人都有思想碰撞。交流讨论中才能有思维的撞击和智慧火花的迸发，才能使儿童明白自己的观点与他人的观点，才能真正地理解阅读材料，才能不把合作阅读变成“坐在一起各自的阅读”。交流讨论的成效取决于小组内成员之间的互动作用，这种互动越充分，小组成效就越显著。因此，教师应指导儿童在态度上要相互尊重，在认知上要集思广益，在情感上要彼此支持。这种交流和讨论使儿童努力调动自己的知识库存，把已有的知识重新组合、迁移，在认知的道路上开拓前进，直至悟出规律。一旦有所突破，儿童就会欣喜若狂。正如陶行知先生所描绘的理解的学习模式：“学生很主动地去寻找知识，解释困难，贡献他所学的知识。先生不过站在旁边的地方略加指点而已……”

（4）同伴分享，让人人都敢展示汇报。组长把本小组交流的体会总结归纳后向全班同学汇报，组员补充，其他小组补充相关意见。这样小组的学习成果就可以大家共同分享，有利于培养学生的协作精神、人际交往能力，拓宽每位学生的知识面，激发学生的读书欲望，而且还给儿童提供了口头表达的机会。另外，各小组的学生在此过程中，能了解到其他组的阅读收获，使儿童在很短的时间内获得大量的信息，是一种高效率的阅读。因此，教师应在儿童同伴阅读后鼓励儿童向全班同学汇报阅读内容和心得。

（三）活动实施过程

本学期育才二小三年级语文组开展了同伴阅读理念下的“同读一本书”班级系列活动，围绕同伴阅读的三大核心开展了四种课型为一个活动全过程。将整个阅读指导活动贯穿在读前的自主学习、读中的同伴分享及读后的互动评价所形成的学习生态链之中。

课型一：师生互推，上好阅读推介课

阅读推介课主要是向学生介绍课外读物，激发学生的阅读期待与兴趣。教师对推荐的书刊、篇目和内容进行介绍。这种课型可以将教师推荐和学生推荐相结合、全班统一推荐和同伴分散推荐相结合，如图 6－1、图 6－2 所示。

图 6－1　教师图书推荐课件

图 6－2　同伴推荐图书

活动流程如图 6－3 所示。

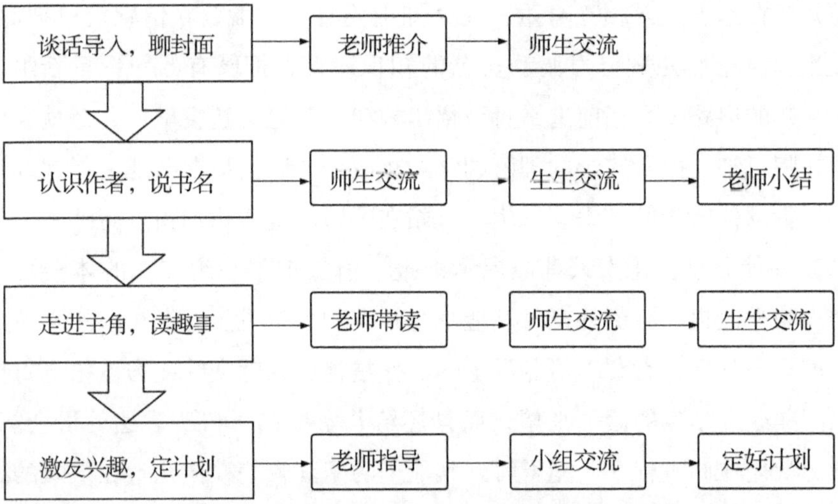

图 6－3　阅读推介课流程

课型二：生生互聊，开展阅读互动课

阅读互动课顾名思义，就是在一定时间内，阅读的同伴相约在同个地方，同读一本书，并展开半小时以上的互动交流。分两种类型：校内班级阅读互动课和校外阅读小组互动课。这两种类型的课相辅相成，同时并进。首先，按照阅读推介课所设定的各小组阅读目标与计划，每个阅读小组成员在组长的引领下，如期开展同伴阅读互动活动，要求是每周 2 次以上，如图 6－4 所示。

图 6－4　校外阅读小组互动课

课型三：师生互评，上好阅读汇报课

阅读汇报课是让学生畅谈阅读收获的一种课型。它不仅有利于巩固和提高阅读效果，培养良好的思维习惯和说写能力，还有利于同伴相互启迪、共同提高，收到奇文共赏析、得失寸心知的效果。可采取如下做法：

在上阅读互动课时，要求学生准备汇报提纲，教师提前告诉学生，以使学生对前段课外阅读情况进行回顾梳理，选准汇报的内容要点，列好汇报提纲。提纲一般包括：阅读的书名、作者或文章的题目、作者；书或文章的主要内容、中心思想；主要收获，包括思想教育、阅读知识、写作方法、语言积累及其他知识等；疑问、困难或建议。要求学生依据个人实际，抓住一两点升发开去，谈要谈具体，说要说出真知灼见。教师要引导学生发现问题，提出问题，敢于质疑。学生能创造性地提出问题，即使问题幼稚可笑，教师也要加以鼓励。

学生汇报，教师调控。大致按教师启发谈话—小组交流—全班交流—教师小结的程序进行。汇报形式力求多样，要以学生口头谈收获为主，以达到人人参与、同伴互学的效果，如图 6－5 所示。

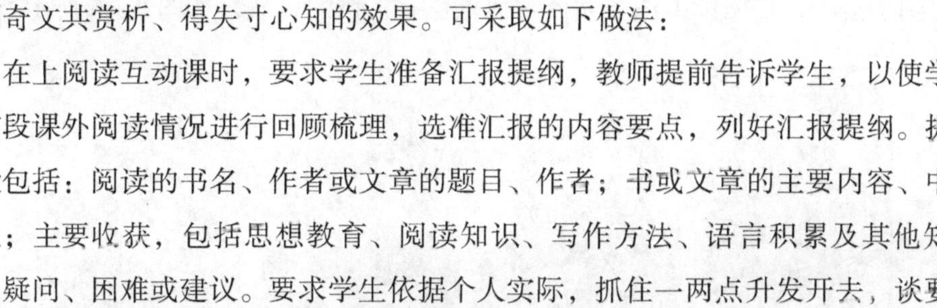

图 6－5　阅读汇报

课型四：学生自创，上好阅读积累课

阅读积累课是让学生以书写的形式，记录近段时间阅读的收获。言下之意就是阅读摘抄课。每学期的阅读活动，我们都会结合本年段学生特点及阅读能力培养方面，别出心裁地设计一本属于他们的读书摘记本。在阅读积累汇报环节，除了灵活运用信息技术带给我们的及时沟通与形式的便捷外，我们也会沿用经典的读书笔记摘抄。完成后，摘记本在学生小组内传阅，寻找和阅读获得五星的摘记本，从同伴的本子里有所收获。

（四）活动实施成效

在小学阶段，培养孩子的学习和阅读能力的重要性毋庸置疑，但在这个过程中，老师、家长和孩子都可能会遇到许多问题。在这次阅读推进活动中，我们惊喜地发现，同伴教育的作用不可代替，学生的阅读兴趣大大增强了，阅读能力相应得到了提高，在阅读方法与阅读习惯上也有不错的成效，如图 6 – 6 所示。

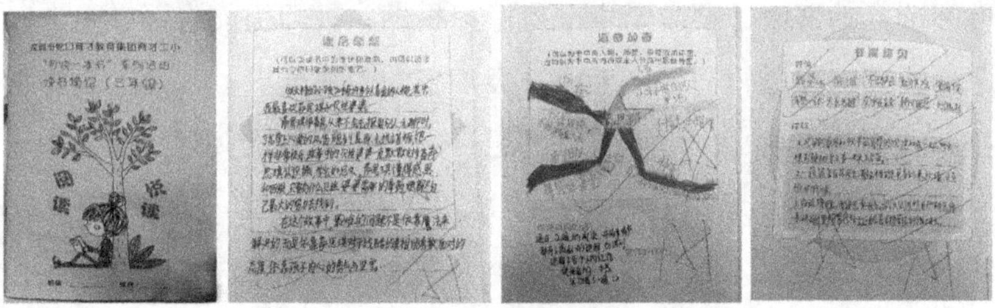

图 6 – 6　阅读推进活动成效

（五）活动案例反思

通过同伴合作阅读来提高小学生的阅读兴趣、阅读能力及水平，是一个有效、可行的途径。教师应该优化合作小组结构、创设支持性的环境和在合作阅读时及时、适当地指导儿童进行合作阅读，避免合作阅读流于形式。另外，教师还应不断提升自己的理念和专业素养，从而成为一位有效的合作阅读的指导者。

在对学生的合作阅读进行指导的过程中，要对学生阅读的结果进行及时的评估和反馈。评估的过程实质是再学习的过程，通过评估，学生开始正确地认识阅读材料，也正确地认识自己，从而不断地调整自己的阅读行为。教师可组织全体儿童根据小组每个组员的读书态度、合作情况、获取知识程度进行评估，坚持鼓励、扶持为主，同时提出希望，并及时进行奖励。实践证明，这种方法可以有效提高学生的阅读动机和阅读量。

总之，培养学生阅读能力之路漫漫，但有了同伴教育的理念支撑，相信在阅读之路上定能开拓出一条崭新的快车道。

二、案例二：流动的作文和日记①

（一）引言

叶圣陶说："我当过教师，改过学生的作文本不计其数，得到个深切的体会：徒劳无功，但是大家还在干，还要继续干下去。不是值得想一想吗？"这的确是值得我们语文教师认真反思的一个重要问题。

在当今作文教学改革实践中，作文批改采用的普遍方式是：老师改，学生看，多数批语没大变。一个语文教师如果要把全班的作文在规定时间内批改得全面、细致、准确，对学生确实能起指导作用，但那是很难做到的。孩子洋洋洒洒地写一篇大作文，如果只有老师一人批阅，课堂讲评，耗时多、收效小。为了让孩子辛辛苦苦写的文章收获更大，得到更多人的欣赏，根据同伴教育理念，发挥同伴之间相互教育影响的力量，我想让孩子的日记、作文流动起来。

（二）活动概述

流动的作文采用同伴之间的大作文互批互改方式，即每单元作文完成后，学生自由选择自己认可的同伴组成一个小组，让自己的作文在小组内的成员之间按老师的要求与标准进行互批互改。

流动的日记是小组成员共用一本日记本，共同来写日记，四人一小组，每周每人写一篇日记，并对同伴写的日记进行批改与评价。日记本还在组与组之间流动，即第一组的日记本每两周流到其他组，同时第一组也会收到别组的上周日记本。

① 本案例根据深圳市南山区育才教育集团育才二小庄群花老师提供的资料整理。

（三）活动过程

1. 流动作文

流动作文是指课标要求的每个单元的一篇大作文，孩子们在老师的指导完成写作后，开展自组小组进行互批互评，最后修订成品。具体做法如下：

（1）自主学习，独立完成作文。单元学习结束后，老师完成作文指导课，学生根据单元要求独立完成大作文。

（2）集中讲评，制定评价维度。为了达到互评的最佳效果，在每个单元作文同伴互批前，教师用幻灯片出示批改的标准，并找一篇比较有代表性的文章，当众朗读，全班共同评论，指出值得借鉴和赞赏的地方，提出不足和需要修改的地方。

附作文批改维度：（可根据每个单元的不同要求变化）

①主题、观点明确、突出；

②选材新颖、构思独特；

③思路清晰、结构完整；

④语句通顺、用词精彩；

⑤书写工整、卷面整洁。

（3）统一标记，批改规范。在批改时统一批改的标记，比如用波浪线画出好词好句，圈出错别字给出订正的方框和用规定符号画出病句，做到眉批、尾批相结合。而写评语时要求先肯定别人的两个优点，再提出一个可行性建议。

（4）自建小组，同伴互批互评。每单元作文写完后，孩子们自主选择同伴组成四人小组，开展互批互改，交换时要求每人每次至少批改两位同伴的作文，每篇作文必须有两个以上的评语，由大组长负责调配，尽量做到每次批阅的人不重复。

（5）教师复评，再次修改作文。教师根据同伴的互评情况附上总结性评语，并给好的评语画上星。每篇作文批改后我们还会评选出最快最认真负责组、最佳小作者、最佳评委。讲评完后每个同学再根据老师、同学的评语进行修改，使原本的作文有个质的提升。

2. 循环流动日记

班级循环流动日记记录孩子日常生活小事、班级事务，它有助于提高学生的阅读写作水平，为学生搭建学习、交流、展示的平台，留下学生成长的脚印。具体做法如下：

（1）自建小组，轮流日记。学生之间相互选择彼此有认同感的四个小伙伴组成一个小组，组内每人每周在同一本硬皮本子上各写一篇日记，每两周本子进行轮换，这样看的面会更广。

（2）自主日记，同伴互评。在写之前还可以给上一篇的同学写上评语。学生可以选择自己相对比较轻松的一天写，在负担不重的情况下老师也可以静下心和学生好好地沟通，比如有个学生因为午会捣蛋被罚了。他在日记里是这样写的：此事我肯定有错，老师可以留着课间和我说，毕竟不是什么大事，而老师挑在午读和我说，午读应该是修身养性的读书时间，老师没选对时间。老师应该知事因，明事果，全面了解前因后果后再做定夺，再罚。要不然师生关系就会下降哦。老师的回复是：当时我也是在气头上，有点太武断，在此我向你道歉。但是你作为班干不以身作则，总是强词夺理地顶嘴，带给班里太多的负能量，有愧同学们一声声“罗哥”地叫你！希望你多点阳光、多点正能量，珍惜我们彼此仅剩余的相处时间……

孩子的回复是：您说的言之有理，我的责任心是不太强，以后我尽量引以为戒，以身作则，树立榜样作用。谢谢老师的回信。

就这样化解了彼此之间的隔阂，使得师生关系更加融洽。

（3）栏目自建，同伴有话可说。流动日记上的栏目同伴自议自建，针对班级事开辟的“班级那些事我来说”栏目，针对阅读开展“我读我感”栏目，“鸡毛蒜皮”栏目记录与同学的小摩擦，还有针对家庭矛盾的“爸妈，听我说”……总之，各个栏目精彩绽放，让孩子们有话可说，畅所欲言。

（4）多方评价，拓展日记价值。老师按完成质量给孩子打分写评语，A+给小组加5分，A加4分，A-加3分，这样也大大提高了孩子写流动日记的积极性和他们的集体荣誉感。有时候家长也会参与进来，在流动日记上写上评语与孩子进行心灵的沟通，化解彼此之间的小矛盾。而流动日记也成了我们班级的宝贝，经常可以看到有的孩子在课间爱不释手地捧着流动日记本贪婪地阅读着。

(四) 活动成效

（1）调动积极性，提高参与意识。通过自主选择相互有认同感的同伴为一小组，解决了相互不认同、不愿意交流的问题，调动了学生们学习的积极性，提高了他们的参与意识。在整个过程中，学生学习的主动性高，课堂气氛活跃，学生兴趣盎然。将书面表达和口头表达熔为一炉，使被动接受变为主动参与。

（2）激发主动性，提升写作与鉴赏能力。学生独立写作、同伴互批互评的方式，大大提高了学生的写作能力和鉴赏能力。互批互改，实际上是习作练习的延续和提高，是对同伴生成资源的充分利用。互批互改，大胆实践，发挥学生的主体作用，是一种行之有效的教学方法，可收到事半功倍的效果。学生们认为看自己同学的大作文、流动日记比较亲切，更贴近生活，比看作文集收获还大。

第二节　师生同伴的实践案例

一、案例一："选出空气质量最佳的城市"用同伴互助促进知识掌握[①]

【案例概述】

"选出空气质量最佳的城市"是粤教版小学四年级下学期信息技术教材第4课的内容，是学生在学会了使用Excel对数据进行简单统计的基础上进一步学习如何使用Excel对数据进行分析。本课是利用Excel进行较复杂的数据处理的基础，也是以后更深入学习Excel其他功能的必要铺垫。目的是通过老师的引导和同伴的互动交流与实践操作，让学生学会运用Excel等多种工具来解决日常生活中常见的数据分析问题，掌握技巧，拓展延伸，从而逐步培养和提高学生学以致用和综合运用的能力。

本节课采用以"任务驱动""同伴合作"为主，以讲授法、演示法为辅的教学方法。

【教学过程】

环节一：创设情境，激趣引入

课前，教师进行谈话引入：暑假就要到了，同学们都有什么计划？学生回答自己的暑期计划，引出旅游这一话题，提高学生的参与感与学习兴趣，如图6－7所示。

---

① 本案例根据深圳市南山区大新小学王宇琛老师提供的资料整理。

图6－7　旅游话题的引出

根据学生的回答，创设情境：洪荒森林的小动物准备暑假外出历险，但是狮王考虑到现在各地污染太严重，派松鼠先生去调查，选一个空气质量好的地方进行冒险，松鼠该如何调查和选择呢？抛出问题，激发学生的求知欲，同时引出本课课题《选出空气质量最佳的城市》，如图6－8所示。

图6－8　课题的引出

随着调查的展开，松鼠先来到了北京，此时教师利用多媒体工具播放北京正常时期和雾霾天气的对比视频，如图6－9、图6－10所示，通过环境的巨大反差，培养学生的环境保护意识。

图6－9　北京正常时期的天空

图6－10　北京雾霾天气的天空

环节二：同伴合作，探究新知

1. 教师讲解，认知表格

教师打开表格，呈现空气质量调查表，如表6－1所示。带领学生认识表格各项内容，同时重点讲解AQI指数的含义，如表6－2所示。

表6－1　2017年3月10日空气质量报告

序号	城市	日期	AQI指数	空气质量级别	首要污染物
1	北京市	2017/3/10	62	良	PM2.5
2	天津市	2017/3/10	48	优	
3	石家庄市	2017/3/10	54	良	PM10
4	唐山市	2017/3/10	91	良	CO
5	秦皇岛市	2017/3/10	42	优	
6	邯郸市	2017/3/10	79	良	PM10
7	邢台市	2017/3/10	85	良	PM2.5
8	保定市	2017/3/10	56	良	PM10
9	承德市	2017/3/10	52	良	PM10
10	沧州市	2017/3/10	34	优	
11	廊坊市	2017/3/10	72	良	NO_2
12	衡水市	2017/3/10	62	良	NO_2
13	张家口市	2017/3/10	29	优	
14	太原市	2017/3/10	33	优	
15	大同市	2017/3/10	36	优	
16	阳泉市	2017/3/10	37	优	
17	长治市	2017/3/10	65	良	PM2.5，臭氧8小时

续表 6-1

序号	城市	日期	AQI 指数	空气质量级别	首要污染物
18	晋城市	2017/3/10	52	良	PM10
19	朔州市	2017/3/10	42	优	
20	晋中市	2017/3/10	33	优	
21	运城市	2017/3/10	53	良	PM2.5，臭氧 8 小时
22	忻州市	2017/3/10	32	优	

表 6-2 空气质量指数（AQI 指数）

AQI 指数	空气质量级别
0～50	优
51～100	良
101～150	轻度污染
151～200	中度污染
201～300	重度污染
>300	严重污染

AQI 指数越小、空气质量越好，反之亦然。

2. 自主学习，同伴合作

教师利用多媒体课件（图 6-11）呈现自学指导，并提供自学素材（教学微视频、操作手册等），明确学习任务，小组内可分工协作，也可独立完成后交流。

要求：小组内各成员均需掌握全部任务的操作方法。

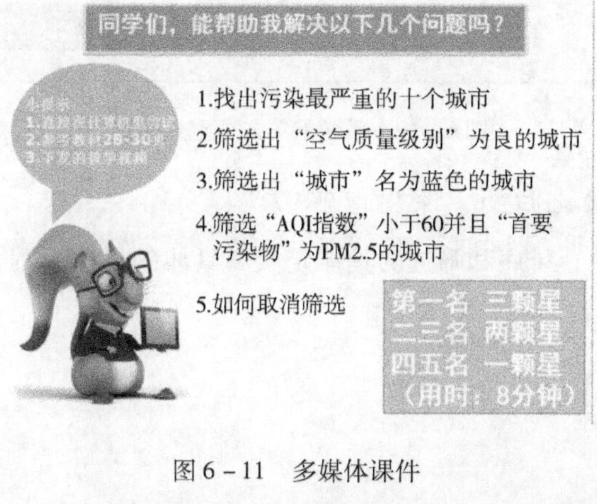

图 6-11 多媒体课件

3. 学习汇报，同伴分享

（1）教师随机抽取同学上来演示各项任务的完成方法。

（2）全体同学共同评价上台演示同学的操作是否正确高效，同时各同学均可补充不同的方法。

（3）在学生演示的过程中，老师适时提出问题，并复核操作过程，加深对知识的理解与掌握。

环节三：探索研究，小组协作

教师利用设定的故事情景，继续展开教学，图 6－12 提出教学的第二个重点：如何进行筛选，同样采取小组合作学习汇报的方式。其他学生共同补充注意事项和操作方法，利用课堂的生成资源和问题，进一步加深学生对知识的理解与掌握。

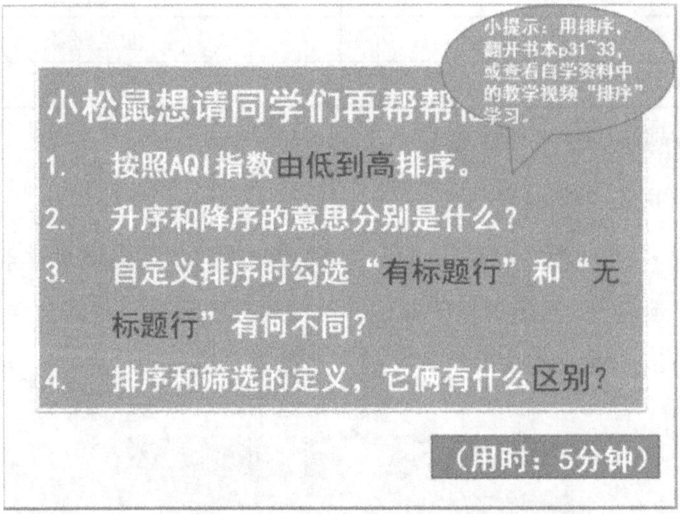

图 6－12　教学的第二个重点课件

环节四：对比归纳，深化理解

小组合作讨论，排序和筛选的具体定义和具体的操作过程如图 6－13 所示，全班交流汇报。

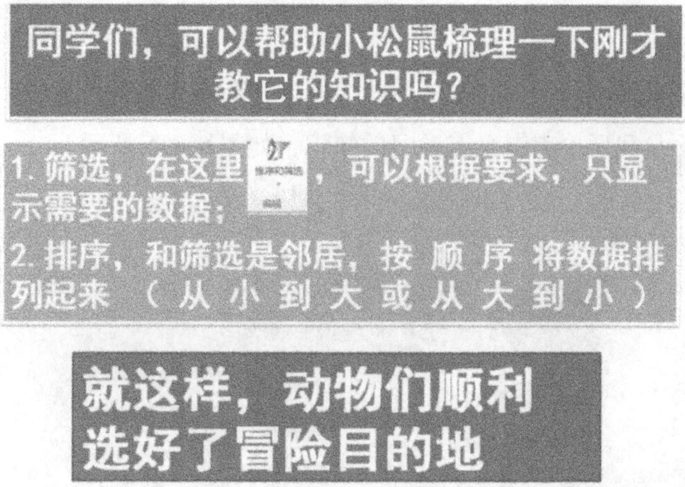

图 6－13　小组合作讨论课件

通过汇报，整理出排序和筛选的定义，在归纳对比总结的过程中，进一步加深学生对操作过程的理解。

环节五：巩固练习，活学活用

给出新的任务，学生独立完成，检验学习成果，利用所学新知识对新问题进行分析、思考，进而强化学生对新知识的理解和应用，培养学生综合运用新知识去解决实际问题的能力，如图 6－14 所示。

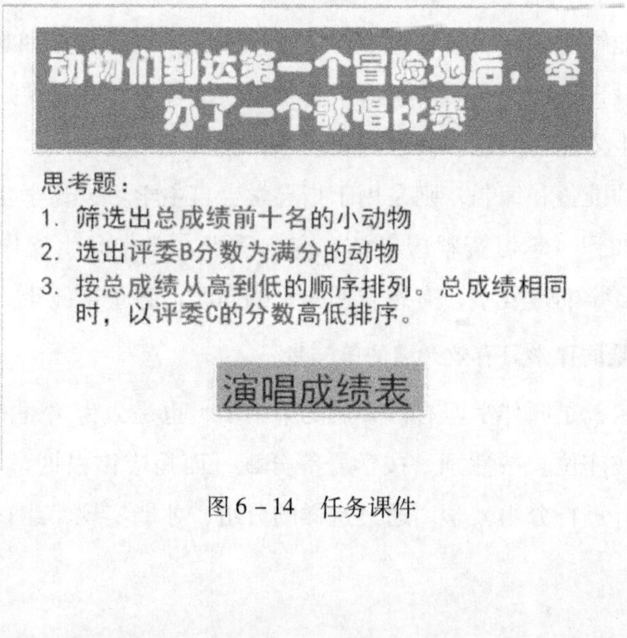

图 6－14　任务课件

环节六：课堂总结，自我评价

学生汇报，教师引导，总结本课学习内容，加深知识的内化。

学生填写自我评价表，盘点学习的知识，如图 6－15 所示。

图 6－15　课堂总结课件

【案例评析】

1．好的问题设计和自学资料的准备，是有效学习的载体

好的问题能够更好地引导学生进行学习，抓住知识的重点和难点。因此，如何提出问题和设计任务，是同伴学习中非常重要的环节，问题要层次分明，把握重点，这样学生才能在问题和任务的驱动下，更好地掌握知识。

学习资料的准备和编制，则是用于指导学生自主学习，让学生能够迅速地掌握课程的相关知识。学习资料应简洁，突出重点，抓住学生操作容易出现的难点，让学生在自学的过程中，有效掌握知识的同时，各个击破难点。

2．合理分组，是同伴学习有效开展的第一步

合理的分组，是同伴学习有效开展的第一步，也是最为关键的一步。分组不仅仅是简单地按座位、按性别、按学号等分配，而是应该根据学生的兴趣爱好、所擅长的技术等进行分组教学。通过这样的分组，才能实现小组内互相学习、共同促进。

分组完成后，应选出一个好的小组长。好的小组长，不仅仅是指学习成绩好、表现优异的学生，更应该是能够统筹管理、乐于助人的学生。小组长的选定，可以由学生民主选择，选择完成后，再由老师观察，考虑是否让该生继续担任小组长。学生自己选出的小组长，他们会更加信服，从而让小组教学效果更为显著。

充分合作，保证有效教学。在课堂上进行小组合作交流时，每个学生均需对相关问题进行讨论、分析。为了提高合作交流的有效性，可以在开展小组合作前，由小组长带领，为每位同学分配任务，组织小组同学有序地展开合作。例如本课例中，在课堂上，老师设置了五个任务，小组内同学自己认领，完成两到三个任务，再通过组内交流，掌握其他相关知识。

学生合作讨论时，教师应在小组之间巡视，注意是否所有的学生均参与了讨论，如一个小组五个人，如果只有四个同学参与讨论，该小组完成任务后，只能加四分。此外，在小组汇报时，不能单点举手回答问题的同学，可以随机抽取小组内各成员上来演示，通过这样一些手段促进小组内的充分合作。

二、案例二：搭建同伴交流平台开展作文赏析与评价①

（一）引言

批阅学生作文是最费神费时的事，这是语文教师的共识。对于老师批改过的作文，学生更关心的是自己的分数等级，至于有何得失、如何借鉴修改提高，却鲜有问津，以后写的作文依然如故、问题百出。因此，更新习作评改理念已得到更多老师的认同，即让习作批改成为师生同伴的事情。本案例旨在搭建同伴交流平台，促使学生同伴成为评改习作的主动者，可大大激发他们的写作兴趣，提高他们的写作能力。

（二）活动概述

在南山区育才四小刘士琛老师所执教的班级，学生们的作文定稿后还结集出版班级的网络作文集。从第一阶段三年级开始，学生就进行同学间、小组间互评

① 本案例根据深圳市南山区育才教育集团育才四小刘士琛老师提供的资料整理。

手写作文，他们乐此不疲。当欣赏别的同学的作文时，都是兴奋异常，认真评价。但是，时间一长，学生们觉得一节课赏读几个同学的作文，远远满足不了他们学习的渴求度，下课时间也会争相传阅。而从第二阶段开始，则尝试班级搭建同伴交流平台，突破分享与评价的时空局限，架起作文分享与评价的无障碍桥梁。

（三）活动实施过程

1. 作文指导和准备过程

围绕单元训练重点，回顾所学课文，引导学生仔细了解作文要求，然后将作文上传到网上指定位置。教师将作文复制到“同伴交流平台”，制作作文赏析与评价模块。

2. 作文赏析与评价过程

教学流程是回顾作文要求、全班评议两篇作文、组间评议不同的作文、修改自己的作文、正式作文呈现并写上收获等，如图 6－16 所示。

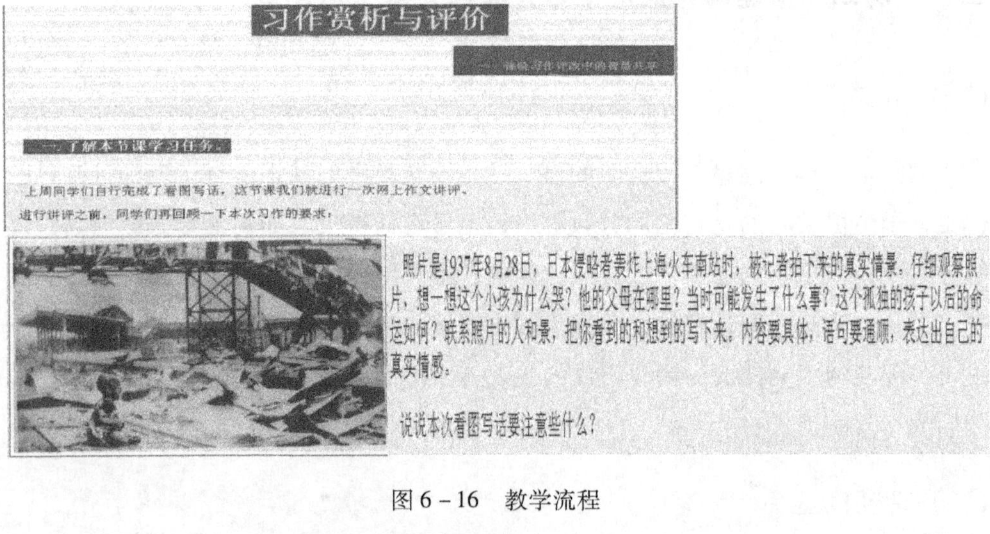

图 6－16　教学流程

（1）回顾作文要求，说明注意事项。

教师出示作文写作要求与学习任务，请同学们说说“本次看图写话要注意些什么”。

学生 A：注意人物与环境相结合。

学生 B：注意现实与联想相结合。

学生 C：注意年代时间上的转换。

学生 D：注意让人物景物都“动”起来，抓住动作、神情、语言、心理活动描写。

学生 E：注意首尾呼应。

学生 F：结尾要谈谈自己的感受，表达出对战争的憎恨，对和平的渴望。

……

（设计意图：学生根据所学，畅所欲言，也对全班同学进行评议作文起到指导作用。）

（2）全班评改作文，评析方法引导，如图 6－17 所示。

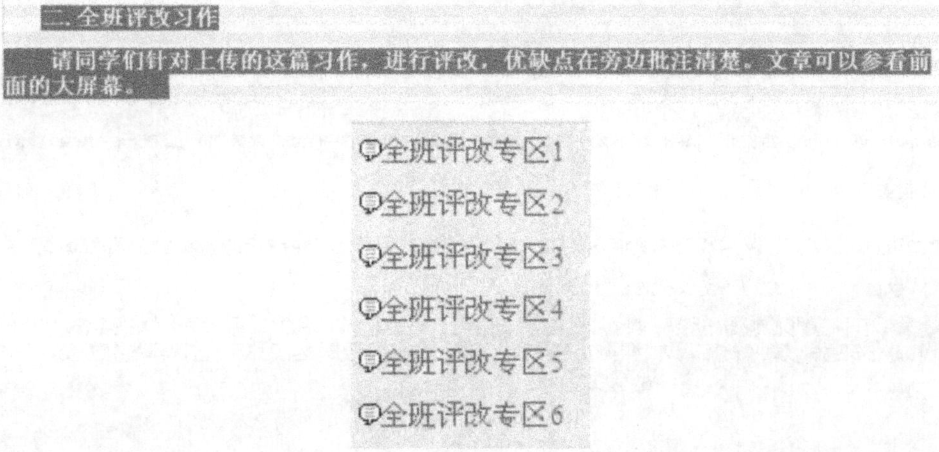

图 6－17　评改作文

（设计意图：以往评改作文，多是教师把文章用投影仪呈现出来，或者做成幻灯片呈现出来，最简单的方法还有直接读出来。但是这样，学生边听边忘，可以说读过之后，留存的印象所剩无几了。即便大家很有感受，你一言我一语娓娓道来，也限于时间原因，无法满足每个学生的表达欲望。现在专人专机，可以对同学的这篇作文在网上进行人人评改，节省时间还事半功倍。）

以下是针对一篇作文几个同学写的评语，在此进行智慧共享（图 6－18）：

时间：2013-04-17

救救孩子

作者：张芸心 发布时间：2013-4-17 18:37:00 被阅览数：6次

文字〖大 中 小〗 自动滚屏（右键暂停）

1937年8月28号，日本侵略者轰炸上海火车南站，原本繁华热闹的上海顿时成了一片废墟。

这张已经泛黄的黑白照片，记录了当时真实的一幕。断裂的天桥，扭曲的铁路，破烂不堪的房屋，满地的砖瓦碎片都在诉说着战争的残酷。一个两三岁的小男孩孤独地坐在这片废墟之中，他衣衫褴褛，正坐在扭曲的铁路前号啕大哭。在他的面前，尸横遍野，血流成河，他害怕，无助，恐惧，悲痛，他是在呼喊自己的爸爸妈妈吗？或许他已经没有爸爸妈妈了，也再没有亲人的呵护，他的眼睛里充满了恐惧。他以后该怎么办呢？他能找到自己的家吗？或许他的家已经被敌人炸毁了，没有了亲人的照顾、呵护，他能活下来吗？也许，记者拍下来这张照片后会带走小男孩，照顾他，让他长大成人。但战争留给他的心灵创伤是难以抚平的，他的一生都会被笼罩在战争的阴影中。是什么造成了这一切？是战争，战争！战争毁灭了上海的和平，使无数人再也没有温馨的家，再也没有亲人的呵护，也失去了宝贵的生命……战争使孩子们再也没有温暖的家，再也没有银铃般的笑声，再也没有欢乐的童年。

虽然这张照片已成为历史，但现在的世界仍不和平，还有许多地区的人民在承受战争的痛苦，还有许许多多的儿童像这张照片上的小男孩一样在为战争而哭泣。正是因为如此，我才在这里大声呼喊："救救孩子吧！让每一个孩子都在爸爸妈妈的怀抱里幸福成长！"

学生：杨昱昊　　时间：2013-04-18

(a)

开头能用开门见山的方法，结尾写得很生动。

学生：王映姗　　时间：2013-04-18

"爸爸妈妈，你们在哪里，是不是不要我了……"这句话写出了孩子的天真无邪以及面对未知的恐惧。

学生：杨翰森　　时间：2013-04-18　　回复数(0) 回复 删除

这篇文章写的不错，把课本上所有要写的内容都写了出来，并且通过精心的观察，看到了小孩身上的服饰，并猜想到他的父母在哪里，写得特别细致。但是没有写心理活动，联想过多。

学生：苏紫歆　　时间：2013-04-18　　回复数(0) 回复 删除

文章写得很好，用上了很多好的成语，并且描写了这个婴儿此时的心里，充分体现了战争的残酷，令人不禁泪如雨下。最后一段呼吁了大家不要战争，体现了作者此时对战争的痛恨。文章中有一句话："原本繁华热闹的上海顿时成了一片废墟。"我认为这里用上海不恰当，把上海改为"上海火车南站"会更恰当。

学生：丁莲莉　　时间：2013-04-18　　回复数(1) 回复 删除

(b)

最后一句话写得非常好。是啊，在现实生活中，谁都希望得到亲人的呵护，谁都希望得到妈妈温柔的母爱啊。如果失去了亲人的呵护，我们都会悲痛欲绝。

(c)

如果一条评语发送出去，还可以随后再打出评语发送：

学生：李仕骏　　时间：2013-04-18

还可以联想一下当时的情景，可以详细地抓住一个瞬间来写，比如说在哪一个瞬间那个孩子失去了父母，就可以写出战争的残酷。

学生：李仕骏　　时间：2013-04-18

可以模仿一个中国孩子的呼声的那个排比，用在最后一段，可以写出你对战争的愤慨和不解。

(d)

图6－18　同伴评语

这一篇作文评改差不多了，教师要组织学生，将大家的评语简单进行梳理，请作文的小作者自己谈谈此时有什么收获，打算对作文进行怎样的修改。

随后，全班评改第二篇、第三篇作文，目的是将更多学生的作文拿出来，与同学交流互动。

（3）分组评改作文，扩大同伴互评范围。

老师将班级同学按自愿的原则共分 12 个小组，每组同学针对一篇作文进行评改，这样就又有 12 篇作文可以得到同学的评议（图 6－19、图 6－20）。

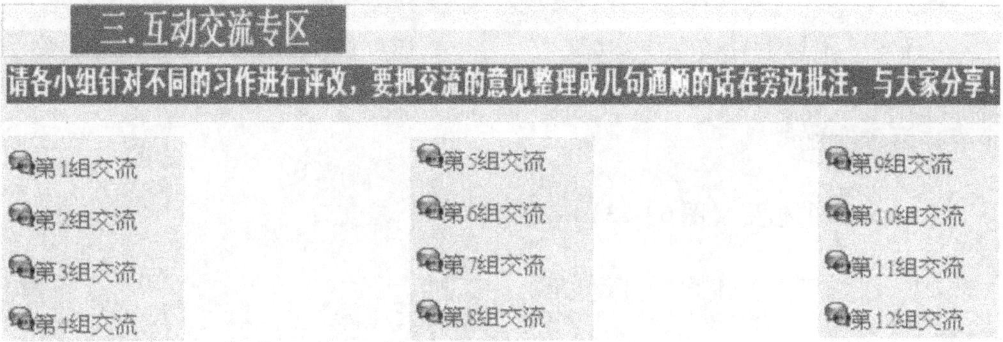

图 6－19　班级自愿组合小组

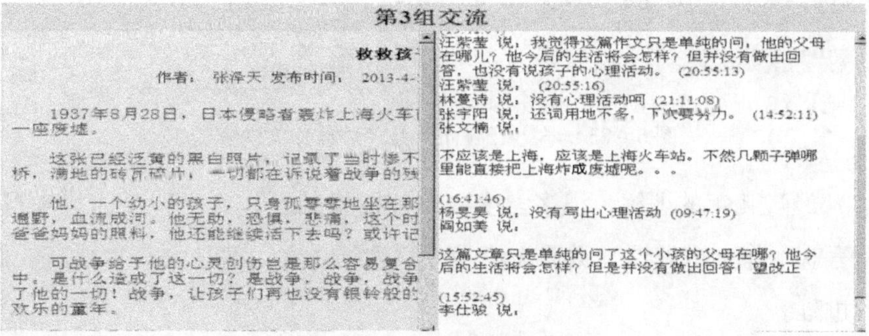

图 6－20　小组同伴分享交流

（4）个人修改作文，实现同伴间再学习。

每个同学汇总意见，或者借鉴别人的作文修改心得，将自己的原文进行修改，然后再上传到“同伴交流平台”，最后将原文和正文一并打印粘贴在作文本上（图 6－21），写出评改原因和评改收获（图 6－22）。

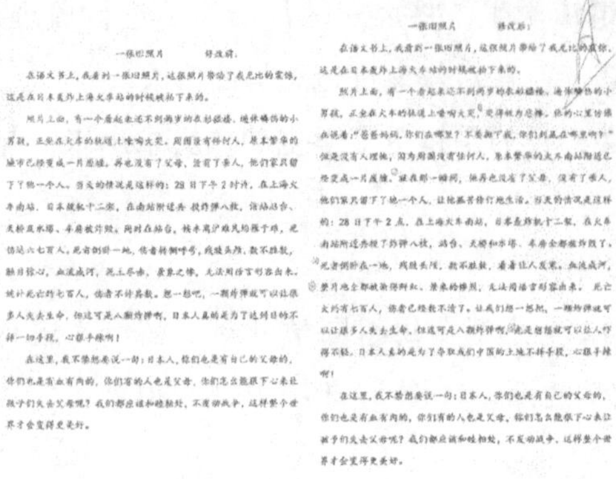

图 6－21　同伴评改前后作文比较

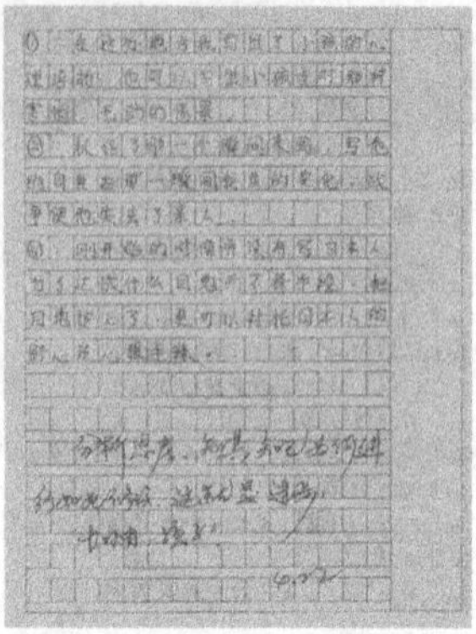

图 6－22　同伴评议后作文修改感受

（四）活动实施成效

（1）学生的感受（图 6－23）。

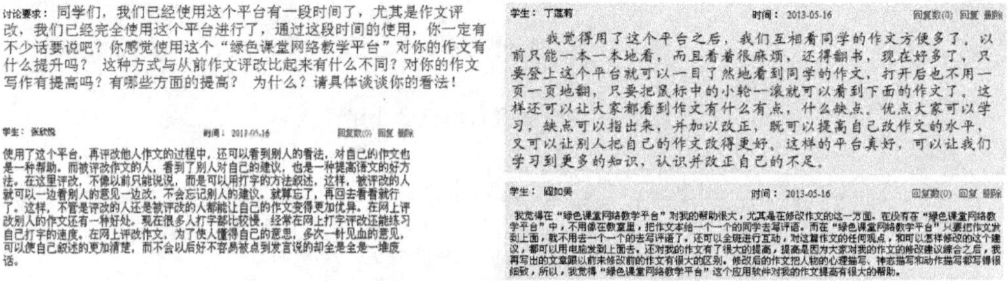

讨论要求：同学们，我们已经使用这个平台有一段时间了，尤其是作文评改，我们已经完全使用这个平台进行了，通过这段时间的使用，你一定有不少话要说吧？你感觉使用这个“绿色课堂网络教学平台”对你的作文有什么提升吗？ 这种方式与从前作文评改比起来有什么不同？对你的作文写作有提高吗？有哪些方面的提高？ 为什么？请具体谈谈你的看法！

学生：张欣悦　　时间：2013-05-16　　回复数(0) 回复 删除

使用了这个平台，再评改他人作文的过程中，还可以看到别人的看法，对自己的作文也是一种帮助。而被评改作文的人，看到了别人对自己的建议，也是一种提高语文的好方法。在这里评改，不像以前只能说说，而是可以用打字的方法叙述，这样，被评改的人就可以一边看别人的意见一边改，不会忘记别人的建议。就算忘了，再回去看看就行了。这样，不管是评改的人还是被评改的人都能让自己的作文变得更加优异。在网上评改别人的作文还有一种好处。现在很多人打字都比较慢，经常在网上打字评改还能练习自己打字的速度。在网上评改作文，为了使人懂得自己的意思，多次一针见血的意见，可以使自己叙述的更加清楚，而不会以后好不容易被点到发言说的却全是全是一堆废话。

学生：丁莲莉　　时间：2013-05-16　　回复数(0) 回复 删除

我觉得用了这个平台之后，我们互相看同学的作文方便多了，以前只能一本一本地看，而且看着很麻烦，还得翻书，现在好多了，只要登上这个平台就可以一目了然地看到同学的作文，打开后也不用一页一页地翻，只要把鼠标中的小轮一滚就可以看到下面的作文了，这样还可以让大家都看到作文有什么有点，什么缺点。优点大家可以学习，缺点可以指出来，并加以改正，既可以提高自己改作文的水平，又可以让别人把自己的作文改得更好。这样的平台真好，可以让我们学习到更多的知识，认识并改正自己的不足。

学生：阎如美　　时间：2013-05-16　　回复数(0) 回复 删除

我觉得在“绿色课堂网络教学平台”对我的帮助很大，尤其是在修改作文的这一方面。在没有在“绿色课堂网络教学平台”中，不用像在教室里，把作文本给一个一个的同学去写评语。而在“绿色课堂网络教学平台”只要把作文放到上面，就不用去一个一个的去写评语了。还可以全班进行互动，对这篇作文的任何观点，和可以怎样修改的这个建议，都可以用电脑发到上面去。还对我的作文有了很大的提高，提高是因为大家对我的作文的修改建议综合之后，我再写出的文章跟以前未修改前的作文有很大的区别。修改后的作文把人物的心理描写、神态描写和动作描写都写得很细致，所以，我觉得“绿色课堂网络教学平台”这个应用软件对我的作文提高有很大的帮助。

图 6－23　学生开展同伴互评修改作文的感受

（2）经过几年的训练，很多学生由最初的惧怕写作文，转变为热爱写作文，特别是喜欢上作文讲评课，觉得无论是分享谁的作文，都是收获和提高、借鉴和学习的过程。

（五）活动案例反思

（1）教师在师生同伴教学中发挥组织和帮助的作用。新课程标准指出，作文要激发学生对生活的热爱，调动学生观察、思考、练笔的积极性。传统的作文讲评课，教师滔滔不绝地进行评议，但是效果并不理想。教师要为学生创设、营造一个毫无顾忌、放胆写作的和谐氛围，提倡“百花齐放、百家争鸣”，让学生敢说真话，敢于表现个性。让他们真切地体验，自由地抒发。

(2)借助网络同伴交流平台，营造赏析与评价空间。学生通过平台分享作文、互改作文，让更多的人来欣赏自己的作文，修改自己的作文，不仅提高了写作兴趣，还能增强自信心和荣誉感，促进学生的学习积极性的提高。在评改了他人的作文和自己的作文被他人评改后，再修改自己的作文，这样的教学过程具有交互性、协作性和开放性，还具有学习资源独特的共享功能等优势，使学生写作文的自主性以及教学信息反馈的功能大为增强，教学资源也得到充分高效利用。

(3)巧用同伴生成资料，促进同伴共同成长。重视培养学生的自改和互评能力是当前作文教学改革、实施作文素质教育的重要目标。借助网络同伴分享平台，为学生的学习提供了极为丰富的同伴生成资源，扩展了学生的"视域"，可以更好地提高学生的写作能力，不仅帮助师生们解决了作文教学这一难题，也促进了信息技术和其他学科的科学整合和互相促进。

三、案例三：《我只要第三层》①

【案例概述】

本案例利用智能教学平台的多种功能，实现信息技术与语文学科的融合，帮助学生学习人民教育出版社生本教育体系实验教材语文第四册（小学二年级）第8课"寓言"第二课时"我只要第三层"。案例突出学习过程中的个性化学习、同伴互助、交流与互评。利用平台中的课前预习、录音、画板等功能，有效突破小学低段学生学习寓言不易理解抽象寓意的难点。

【教学过程】

环节一：课前预习

任务1：分角色朗读课文

使用智能教学平台的微录屏功能，录制分角色朗读录音，在智能教学平台上进行全班分享，并开展同学间相互点评。

任务2：课前小组内解决生字

使用智能教学平台的画板功能，用语音向同伴分享自己的识字方法。小组内

---

① 本案例根据深圳市南山区阳光小学巴春霞、李小丫老师提供的资料整理。

互帮互助，解决课文中出现的生字。

任务3：使用智能教学平台的画板功能，画出你想象中的第三层，并相互评论。

环节二：导入新课

（1）故事导入——《空中楼阁》。

今天老师给大家讲一个故事《空中楼阁》，请听过故事的同学讲讲大意。

（2）词语复习。

①课件出示词语。理解“照样子、打墙角、富翁”。

②词语闯关。

（3）打开平台分享，展示个别优秀学生的录音（同伴的榜样效应），其他同学认真倾听并点评。

（4）自读课文，思考问题：不要下面的两层，富翁能得到第三层吗？为什么？

环节三：自主读文，思考问题

（1）男女生分角色读最后一段中建筑师和富翁的对话。

（2）用关联词“又……又……”造句。

（3）小组合作汇报，展示。

合作要求：

（1）想一想，富翁不要下面的两层，只要第三层，他的愿望能实现吗？

（2）评一评，利用智能教学平台中的画板功能，评价学生的作品。

（3）说一说，这篇寓言故事的寓意，你是如何理解的。

根据学生画出的图片，利用智能教学平台中的画板工具，画出你想象的第三层，并为同伴分享点赞！

现将部分学生的作品的点评摘录，如图6－24所示。

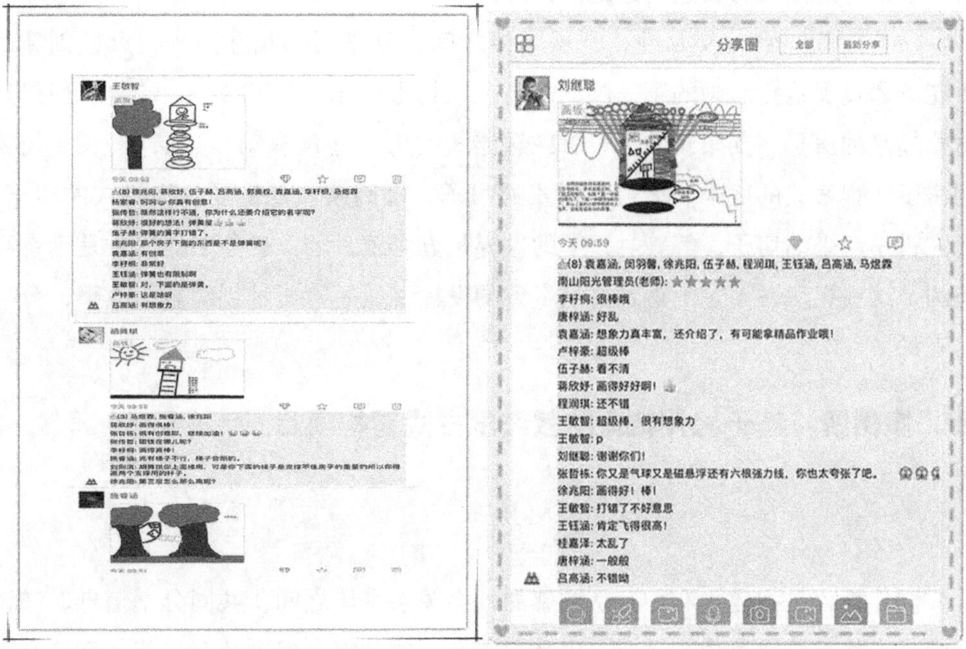

图 6-24　同伴互评分享

环节四：课后拓展

使用智能教学平台的推送功能，老师推送三篇寓言故事，让同学们在家阅读，并进行创编童话故事分享。

【案例评析】

（1）利用平台思维可视化工具，促进知识建构。这节课在技术应用上的最大亮点是，通过平台的画板、录音、微视频推送的方式将课文的语言文字进行声音、画画分享，全面锻炼学生的语文朗读、写作甚至美术画画能力。多角度实现了知识的建构，使抽象的寓意变得易于理解。

（2）利用网络互联性，促进学习全过程同伴的互助、分享、评价，有效践行同伴教育的理念，并取得一定效果。以学生为本，有效突破了本节课的难点。

（3）利用平台，突出以生为本，培养学生多读、勇于表达、彰显个性的教育目标。平台为学生提供宽松开放的学习环境，鼓励学生的创造性思维。画板中，多数学生认为富翁的愿望不能实现，然而个别学生标新立异，大胆想象，甚至能设计出不要第一、第二层，只要第三层的房子，真是了不起的小小设计师，长大了说不定能成为真正的建筑设计师。

（4）利用平台的交互性，开展同伴之间相互学习、相互激励，点燃创新的火花。通过展示自己画的第三层，画出建在树上的第三层房子（书屋）、用热气球拉起来的房子、支架式的房子、磁悬浮式的房子（没有第一二层）、长了翅膀的房子、弹簧式的房子、火箭发射式的房子、螺旋桨式的房子、飞机式的房子、无人机吊起来的房子，等等。孩子的世界是五彩缤纷的，想象中的房子是千奇百怪的，这些想法在课堂上得到淋漓尽致的发挥，然后再通过创编童话故事，分享与互评。

四、案例四：基于同伴教育的教与学方式重构项目①

（一）引言

同伴教育是指建立有相互认同感的社会关系主体之间，共同分享信息、知识和观念，相互传递思想、情感，以唤起感情上的共鸣，促进社会规范在个体身上内化、达到相互感染而奋发向上的一种教育方式。同伴教育，可以是师生同伴、生生同伴、家长与老师同伴、老师与老师同伴，也可以是家长与学生同伴。同伴们分享自己的亲身经历和体会，更容易唤起身边同伴的心灵共鸣。

基于同伴教育理念，后海小学打造了“云校园”信息化环境，并利用该环境开展教与学方式重构研究，充分发挥同伴教育的作用，取得了一定的成效。

（二）项目概述

后海小学基于同伴教育的教与学方式重构项目，为达到同伴教育的目的，需要从以下几个方面进行整体设计：

（1）同伴教育的支撑环境。结合现有网络条件，建立 iPad 教学无线网络环境。iPad 体积小、轻薄，易于携带，同时具有较长的电池续航能力，这些优势使得 iPad 成为移动学习终端的最佳选择之一。学生既可以像传统学习形式那样坐在教室里使用 iPad 上课，又能够摆脱固定场所和固定时间的束缚，在校园的任意一角进行学习。这就要求在班级与校园公共区域进行无线网络的覆盖。

① 本案例根据深圳市南山区后海小学林文峰老师提供的资料整理。

（2）建立同伴分享展示系统。iPad 具备同步流化（Air Play）的功能，利用此功能，可以很方便地把 iPad 屏幕无线镜像输出到投影仪或其他大屏幕显示设备，供同伴展示使用。

（3）建立同伴教育过程数据存储系统。为提高课堂教学效率，在 iPad 教学环境建设中，网络存储系统必不可少。教师转存课件、布置作业，学生提交作业，同伴们进行文件的分享，都离不开网络存储系统。

（4）组建支持同伴教育的教学软件（APP）与资源超市。光有硬件系统，还不能算是完整的教学环境，还需要对教学软件进行选择与安装。Apple Store 里有数以千计的教育软件，其中既有免费软件，又有付费软件。对于付费软件来说，购买一套，只要使用同一个 Apple ID，即可通过 iTunes 同步到所有的 iPad 上。教师日常上课，几乎每天都要用到课件。iPad 本身可以制作课件，也可以兼容 PC 上常见的 PPT、Word、图片等课件与素材。

（5）搭建同伴教育的交流互动平台。利用 iPad 教学，免不了在线交流环节，比如在线讨论、在线完成作业、在线互评作业等情形，这就需要用到网络教学交流互动平台。

基于以上设计，在教与学方式上，我们从教学结构、教学内容、教学情境、教学方法和技术运用上进行了重构，着力打造适合同伴学习、同伴分享和同伴评价的教与学环境。

（三）项目实施

后海小学基于同伴教育的教与学方式重构项目，自 2012 年起开始实施，涉及语文、数学、英语、科学、美术等多个学科。以下以语文教学为例，阐述该项目具体实施过程。

（1）课前学生依据学情自主学习，并进行分享交流。学生利用“学写汉字”软件（APP），根据自己对生字的掌握情况进行学习、描红，然后可以通过截屏分享到微博，或者课堂上，通过同步流化（Air Play）的功能进行学习展示。

（2）课堂进行互助学习，掌握生字。通常老师把生字课件存到网盘，学生自行下载课件，然后采用生字接龙的方式开展互助学习。前一个学生朗读生字并组词，下一个学生先判断前一个学生的发音是否正确，如正确就朗读第二个生字，如错误则先纠正上一个学生的错误。

（3）课后利用网络进行多种方式的巧记生字，并分享。比如，在微博上，通过编小谜语的方式来巧记生字，同伴之间相互评论。

（4）利用“资源超市”提升学生的阅读能力。在每个学期开始，老师会推荐一些书目，做成电子书存到网盘。每个学生可以根据自己的实际情况进行下载阅读，再利用阅读分享课进行同伴分享。

（5）利用信息化手段进行多种方式的写作练习与分享。比如利用 PPT 进行图文混合的绘本编创、利用微博进行写作分享与评价、利用视频编辑软件进行配音创作等多种手段以提高学生的写作能力。

（6）利用教学平台进行教学、测验与评价。我校利用全景教学平台作为学生辅助的学习工具，其最大的好处是可以进行课堂测验，实时显示测验结果，并能进行统计分析，有助于师生进行课堂反馈。

各个不同学科在具体软件（APP）的选择上不尽相同，但基本的同伴自主学习、交流分享、评价机制类似，此处不再赘述。

（四）项目成效

后海小学基于同伴教育的教与学方式重构项目，利用 iPad 与网络技术，充分发挥同伴教育的优势，大大激发了学生的学习兴趣，给孩子们带来一种学习思维的改变。

（1）激发学生兴趣，促进自主学习。通过从 iPad 上下载各种各样有益的学习资料，孩子自己就会在有趣的故事、竞赛题目中发掘学习乐趣，主动学习。

（2）加强同伴分享，促进同伴认同。学生的作品、老师的作业和教学设计等，可以第一时间通过校内“云平台”和互联网（如微博）与同伴、老师、家长和网友进行分享、交流，这种形式既提高了学生的学习兴趣，又培养了学生与人交往的能力，体现了后海小学“悦纳”的理念。

（3）作业从单人评价到各类同伴评价，让评价更有价值。由语文老师一个人对孩子的文章进行评判，对学生来说是不公平的。怎样才能让学生的作文发表更及时、评价更科学、激励性更强？班级微博的开通，实现了这一目的，不仅促进了学校与家长的互动，更记录了孩子的成长轨迹。一位学生的爸爸长期驻外，但他通过微博随时掌握孩子的课堂表现。另一位学生暑假到桂林玩，在微博用图文直播了自己的旅行，得到包括校长、老师、家长和同学的点赞评价后，他大受鼓舞，一周内写了 27 篇游记。现在学校的微博平台成了后海学子展示的平台和后海家校沟通的桥梁。把作文批改搬到微博上，让每个孩子的每篇文章不仅能得到语文老师的指点，还能得到其他老师、学生家长、同学伙伴的鼓励和建议。更妙的是此举能让学生感受到自己是被关注的，从而保持创作的动力和热情。微博同时也能让老师、家长，全方位、多角度地了解孩子的学情及情绪变化。二年级的小宇同学在名为《孤独的我》的微博作文中写道："因为我孤独，所以我发呆，别人说我做事慢，那是因为我在发呆。我发呆的时候，就像是和心灵的自己玩耍，这种感觉超棒！"班主任向勇老师点评道："这孩子内心很丰富！有诗人气质！"语文老师齐胜男点评："每个人都有过孤独感，但小宇写出了他人表达不出的感觉，这种深度堪比中学生。"赵钟毓的妈妈点评："孩子，若你感觉孤独，就来我家玩吧！"吴希福校长点评："这是一篇成人才能写出的散文诗。孩子，如果这是你真实的感受，那就多交朋友吧，爸爸、妈妈、老师、同学、校长都是你的朋友！如果这是你的想象，你的想象力和文采已达到了一个很高的水平。"小宇的爸爸点评："本来打算等你长大点教你写格式作文，看来我的思想 OUT 了。我羡慕你，有那么好的老师和校长。"微博像一个传递棒，传递着学校、家庭、社会对孩子的关爱。

（五）项目反思

信息技术是一把双刃剑，学生可以轻易地从网上获得学习资料，同样也能方便地获得不良信息；学生可以方便地下载各种学习软件（APP），同样也能方便地下载网络游戏。如何有效地对信息化学习工具进行管控，是一项重要的命题。在实践过程中，我们逐渐从教育劝导转向用技术手段来控制，例如通过网络黑白名单来控制允许学生访问的网址，用苹果的"访问限制"功能来管控学生的下载与删除等。随着技术的进步，现在利用苹果公司的软件（APP）"课堂"，已经能达到一个比较完美的课堂监管效果。

在同伴教育中，也有一些不良评价可能会伤害到我们的学生。比如一些来自同伴无心的口无遮拦，一些外部人员的恶意评价甚至是脏话都有可能出现在网络之中，需要注意防范与监控。

如果长时间不科学地使用 iPad 进行学习，有潜在的造成孩子近视与驼背的危险，需要特别留意。我们在教学过程中会制定 iPad 使用规则，合理安排好使用时间，强调正确的坐姿，可有效避免此类风险。

五、案例五：绘图工具栏[①]

【案例概述】

本课的学习主体是小学四年级学生，他们有一定的计算机操作基础，学习过Word软件的简单的功能。本课中所介绍的“绘图”工具栏是对以往学习的知识、技能的一个小综合。学生应用Word软件也可以制作出个性插图，并且在尝试操作过程中发挥学生的主体性，促进学生学会相互合作、互助，面向全体学生，提高课堂教学的实效性。

学习过程设计的基本原则：

（1）注重情境的创设与转换，并最终在真实的情境中灵活应用。

（2）以“任务驱动”和“问题解决”作为学习和研究的主线。

（3）为学生提供同伴互助学习环境，以保障学习活动的有效性。

（4）充分发挥师生、生生评价的目标导向功能，重视学生评价技能的提高。

【教学过程】

环节一：阅读导入，明确目标

让学生认真阅读观察日记《鸡妈妈和鸡宝宝》，体会应用已掌握的写作知识、应用信息技术可以记录日常生活中的精彩瞬间，进一步分析对比修改后的图文并茂的作文，引出应用“绘图”工具栏设计个性插图的学习任务。让学生明确本节课的学习目标。

环节二：同伴自主尝试、互相指导，进行竞赛

研究“绘图”按钮的作用，快速启动“绘图”工具栏，一方面引导学生学会选择研究方法，另一方面通过竞赛形式快速解决本课的重点问题——掌握启动“绘图”工具栏的操作。通过学生的自主尝试、互相指导等方法达到全体学生均掌握的目的，为下一步的设计做好充分准备。

---

① 本案例根据深圳市南山区白芒小学孟凡军老师提供的资料整理。

环节三：同伴自主合作，体验操作

让学生带着问题尝试操作，边操作边研究解决问题。问题的设计：选择学生在实际绘制插图时不同层次的学生有可能遇到的关键问题，同时设计 4 个难度不同的问题，让学生人人有问题可答，如研究项目：

（1）如何绘制图形？

（2）如何填充颜色？

（3）如何调整线条的粗细？

（4）你能移动全图吗？

教师指导学生根据自己的水平进行分工，研究解决相关问题，并介绍给同组的同学，从而实现学生有效地自主学习、合作学习的目的。同时教师提供学法指导：自主探究、阅读教材、《跟我学》帮助文档。从这个环节中，让学生体会自己在集体中的作用，充分参与到课堂学习过程中去，达到面向全体，让每个孩子都有事做，每个孩子都有成就感，使之在研究、交流的过程中发展自我。同时通过逐步训练，鼓励学生们在学习、研究的过程中自主发现问题、自主尝试解决问题，促进学生全面和谐发展，提高学生有效的学习能力，最终实现学生个体的可持续发展。

环节四：同伴示范，答疑解惑

通过展示研究的问题，让学生表达自己的研究过程、获得的方法、发现或解决的问题，一方面梳理本课的重点知识与技能目标，另一方面可以通过一组或几组同学的示范操作，拓宽学生的学习方法、思维方式。通过这个环节能发挥同伴互助的作用，学生们可以通过同学的示范操作发现自己在研究学习的过程中的得与失，不断修正自己的学习目标，提高学生自我发展的水平。

环节五：设计任务，同伴互助

通过给出四个难度不同的学生作文，让学生自主选择为其设计个性插图的任务，分层次地让学生根据自己的喜好和水平开展设计。在设计的过程中鼓励学生深入研究：如何能更有效、更恰当地应用本课学习的知识与技能，同时通过设计过程，综合运用各种方法实现设计个性插图的目标，并从中体会通过自己的创造使文章增色，体会创作的快乐！

环节六：作品展示，同伴互评

通过展示几位同学设计的带有个性插图的文章，让展示的学生充分表达自己的设计意图，总结设计过程中使用的方法，阐述自己设计中最得意的地方。同时听取他人的评价意见，以便进一步完善自己的作品。倾听展示的学生则可以充分地表达自己的观点或提出想要了解的其他问题。通过展示的过程还可以促进学生之间的相互学习，使整个学习过程不断向深度、广度发展。同时还设计了学生自我评价的标准，让学生开展自我评价，提高学生认识自我、发展自我的能力，最终实现自我发展。

【案例评析】

（1）教学设计从学生的视角入手，在研究如何学“会”中指导渗透学习策略的选择与实施。

（2）教学设计中注重了学生发现问题、同伴间解决问题能力的培养，课堂教学中开展了有效的自主学习以及同伴互助学习。

（3）教学设计中重视操作和竞赛过程，任务设计贴近学生的学习和生活，让全体孩子积极地参与到课堂学习中来；并且体现了无论是常规操作还是在课堂竞赛中，同伴都是可以互助互长的。信息技术课堂中的任务学习环节，教师的巡视指导和帮助，以及同桌或小组的互帮互助和互学都起到了至关重要的作用。

（4）在教学展示环节，发挥了同伴互助的作用，学生们可以通过同学的示范操作发现自己在研究学习过程中的得与失，可以不断修正自己的学习目标，真正提高学生自我发展的水平。

（5）教学设计中包含了科学有效的评价量规，教师指导学生自评、互评，帮助学生及时修正自己的学习目标。同学间的学习效果评价多层次、多方面、多角度、多形式。在评价与展示中，鼓励学生欣赏他人作品，对展示的学生予以肯定。

六、案例六："电磁体的磁力大小"云平台支持下的科学探究①

【案例概述】

"电磁铁磁力的大小"是教科版小学科学教材，六年级上册《能量》单元的第3课和第4课。通过前两课，学生已经掌握了电磁铁的基本性质：通电产生磁性，断电磁性消失。同时还通过对比实验，发现"改变电池正负极接法和改变线圈的绕线方向会改变电磁铁的南北极"。本课是围绕"电磁铁的磁力"组织学生开展的科学探究活动。借鉴前一课的探究经验，结合生活常识，学生很容易猜测到影响电磁铁磁力大小的相关因素，但如何验证，涉及对比实验的设计。对于六年级的学生来说，对比实验中要控制单一变量，他们已经多次练习并不陌生。本课教学的难点是针对本课研究的问题找出需要控制的变量，重点是指导学生利用结构化的材料，规范地开展探究实验。鉴于当前小学科学教学内容多、课时严重不足的现状，本课把两个课时的内容整合到一个课时完成，利用同伴教育的理念开展学习，提高了课堂的效力，更是一项艰巨的挑战。

本节课学生人手一台 iPad，并预装云表格 APP，注册好账号，并加入到教师设置好的云工作区，组成一个共同的探究群体，充分利用同伴教育理念，在每一环境中充分发挥同伴的作用，开展生生同伴、师生同伴的相互帮助、分享交流与互动评价。

【教学过程】

环节一：分析学情，聚焦问题

师：课前同学们都回答了同一个问题"你认为电磁铁磁力跟什么因素有关?"这是全班同学选择的统计结果，针对这个结果，你有什么看法（图6－25）?

再次聚焦问题，帮助学生梳理自己的假设依据，从而激发学生的探究兴趣。

① 本案例根据深圳市南山实验教育集团鼎太小学田坤老师提供的资料整理。

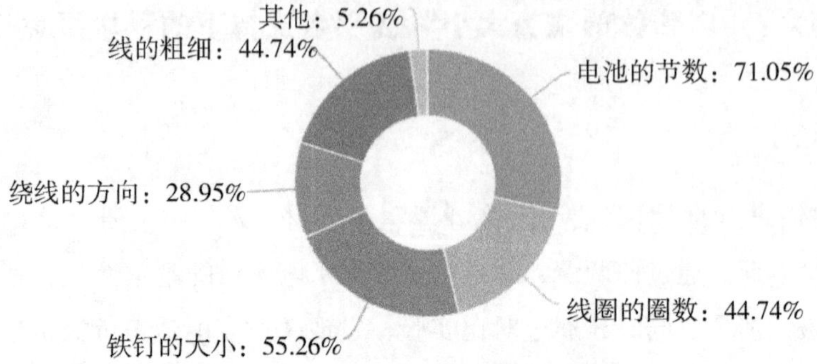

图 6－25　关于电磁铁磁力影响因素的统计结果

环节二：设计方案，同伴探究

1．设计方案

师：科学的结论必须要有可靠的证据，我们的猜测究竟是否正确？还要通过实验进行验证。首先选择一个你最想研究的问题，然后完成下面的实验设计。

学生完成下面的实验方案设计，然后进行汇报。交流的过程中重点指导学生控制变量，即对比实验中，每次只能有一个条件不同，其他条件必须相同，见表 6－3。

表 6－3　“电磁铁磁力跟什么因素有关”探究实验

我的假设	电磁铁磁力跟＿＿＿＿＿＿有关（只写一个因素）
实验设计	这个实验中需要改变的条件是：＿＿＿＿＿＿＿＿＿＿ 相同的条件是：＿＿＿＿＿＿＿＿＿＿＿＿＿＿
实验材料 （请选择打✓）	电池 1 节□　电池 3 节□ 导线 1 根□　粗细不同的导线 3 根□ 铁钉 1 根□　粗细不同的铁钉 3 根□ 小金属片一盒□

2．同伴探究

课前教师为学生准备的规范材料有：电池（带电池盒）24 节、导线（三种粗线不同的导线）24 根、铁钉（三种长短一致，但粗细不同的铁钉）24 组、直径为 4 毫米的圆形垫片 12 盒。

提前在云平台注册，并组建好工作区。网址：www. huoban. com

在“鼎太小学六4科学”工作区内建好三个表格：电池节数探究记录表、铁钉粗细探究记录表、线圈圈数探究记录表，内容如图6－26所示。

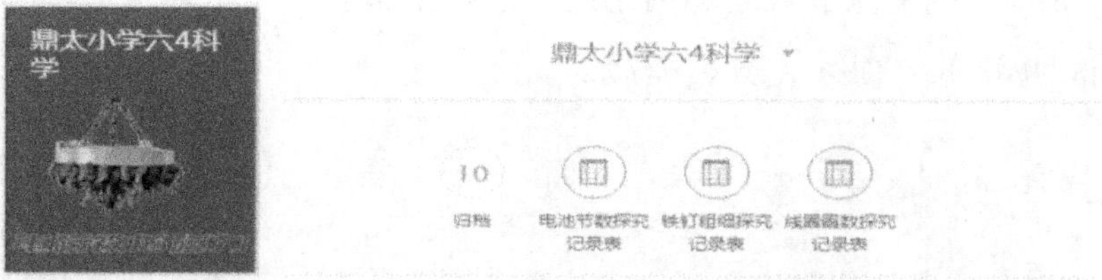

图6－26 三个学生探究的记录表

具体表格内容如下：

（1）电池节数探究记录表。

研究电磁铁的磁力大小与电池节数有关的小组要填写此表。

表格内容为：小组序号、1节电池（线圈25圈）、2节电池（线圈25圈）、实验发现、实验照片。

（2）铁钉粗细探究记录表。

研究电磁铁的磁力大小与铁钉粗细有关的小组要填写此表。

表格内容为：小组序号、细铁钉（线圈25圈）、中等铁钉（线圈25圈）、粗铁钉（线圈25圈）、实验发现、实验照片。

（3）线圈圈数探究记录表。

研究电磁铁的磁力大小与线圈圈数有关的小组要填写此表。

表格内容为：小组序号、线圈25圈（1节电池）、线圈35圈（1节电池）、线圈45圈（1节电池）、实验发现、实验照片。

教师在自己的iPad打开云表格，介绍三个表格的填写要求。然后学生根据自己设计的实验方案，自主选择实验材料进行实验，并完成实验的观察和记录。实验记录员负责及时拍照，并把照片、数据上传到伙伴云，进行分享。

环节三：同伴汇报，互助互学

1. 同伴汇报

师：“电磁铁的磁力大小究竟和什么因素有关？”我相信，通过刚才的探究各个小组都找到了自己的答案，下面让我们一起来听一听，看看各个小组都发现了什么。

学生操作自己的 iPad，把屏幕镜像到黑板的大屏幕上，给全体师生介绍实验数据和结论。

（1）先请研究电池节数问题的小组，进行汇报。学生 iPad 屏幕说明：实验照片，可以单击放大查看（图 6－27）。

鼎太小学… · 电池节数… 余景杨 创建于 2015年1… 修改 分享 暂无关注

小组序号	5
1节电池（线圈25圈）	11
2节电池（线圈25圈）	27
实验发现	电池节数越多，铁钉磁力越大，吸的铁片也越多
实验照片	余景杨 (6)

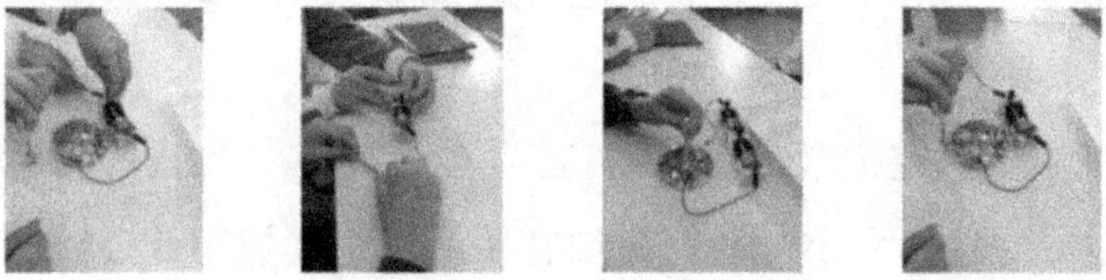

图 6－27　电池节数小组实验过程中抓拍的重要步骤照片

汇报结束后让学生发表意见。

有 5 个小组选择了研究电池节数问题，他们的数据一致吗？

教师在自己的 iPad 端操作，并投屏，呈现其他也研究这个问题的小组的数据（见下表）。

电池节数探究记录表

共 5 条

	小组序号	1节电池（线圈25圈）	2节电池（线圈25圈）	实验发现
1	12	6	15	两节电池确实比一节电池吸的铁片多
2	4	12	22	增加电池的节数可增加铁钉吸力
3	5	11	27	电池节数越多，铁钉磁力越大，吸的铁片也越多
4	第7组	15	17	电池节数越多，磁力越大，吸的垫片越多。
5	14	9	17	我们发现电池节数越多，吸力越强。

根据这 5 个小组的数据，你能得出一个什么结论？

归纳结论：电池节数越多，电磁铁的磁力越大。

（2）请研究线圈圈数问题的小组，进行汇报。学生 iPad 屏幕如图 6－28 所示。

鼎太小学… ·线圈圈数… 蔡濠骏 创建于 2015年1… 修改 分享 1人关注

小组序号	10
线圈25圈（1节电池）	14
线圈35圈（1节电池）	17
线圈45圈（1节电池）	27
实验发现	绕得越多，吸的小铁片也越多
实验照片	蔡濠骏 (4)

图 6－28　线圈圈数小组实验过程中抓拍的重要步骤照片

学生汇报后，教师呈现同一问题，其他小组的实验数据，然后归纳得出结论（见下表）。

线圈圈数探究记录表

共 6 条

	小组序号	线圈25圈（1节电池）	线圈35圈（1节电池）	线圈45圈（1节电池）	实验发现
1	10	14	17	27	绕得越多，吸的小铁片也越多
2	2	10	18	26	圈数越多磁力越大。
3	6	11	12	14	我发现线绕的圈数越多，磁性越大，吸起来的铁皮越多。
4	13	8	14	25	线绕的圈数越多，磁力越大。
5	11	7	9		圈数越多，磁性越大。
6	3	7	13	21	绕在铁钉上的线圈圈数越多，吸起来的铁圈越多。

归纳结论：线圈圈数越多，电磁铁的磁力越大。

（3）请研究铁钉粗细问题的小组，进行汇报。学生 iPad 屏幕如图 6－29 所示。

鼎太小学… ·铁钉粗细… 罗海婷 创建于 2015年1… 修改 分享 1人关注

小组序号	8
细铁钉（线圈25圈）	9
中等铁钉（线圈25圈）	15
粗铁钉（线圈25圈）	8
实验发现	中等铁钉磁力最好，吸的也是最多的。粗铁钉最差，比细铁钉少吸了一个。细铁钉虽然比中等铁钉吸得少，但却比粗铁钉多吸一个。
实验照片	罗海婷 (4)

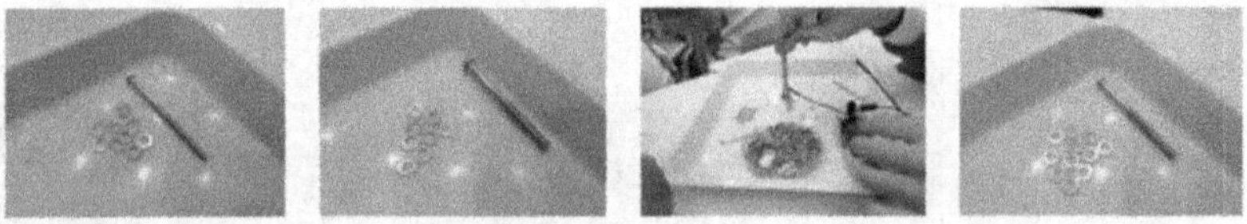

图 6－29 铁钉粗细小组实验过程中抓拍的重要步骤照片

学生汇报后，教师呈现同一问题，其他小组的实验数据，然后归纳得出结论（见下表）。

铁钉粗细数探究记录表

条

小组序号	细铁钉（线圈25圈）	中等铁钉（线圈25圈）	粗铁钉（线圈25圈）	实验发现
8	9	15	8	中等铁钉磁力最好，吸的也是最多的。粗铁钉最差，比细铁钉…
1	9	15	9	这三种铁钉吸起来的的铁片不稳定，没有规律
11	5	5	7	铁钉越粗，磁力越强。

归纳结论：铁钉粗细对电磁铁的磁力有影响。

2．互助互学

每个学生打开自己的 iPad 浏览其他小组的实验记录，并发表自己的评论。形式如图 6－30 所示。

图 6－30　小组通过平台分享互评

环节四：师生同伴交流，拓展延伸

师：通过本课的学习，你发现“电磁铁的磁力与什么因素有关?”

引导学生回顾总结本课的科学概念。

你知道生活中，哪些地方运用了电磁铁？课后找一找，把你找到的发到微信朋友圈里。

【案例评析】

（1）选用技术，提高师生同伴互动的针对性。本课利用问卷星快速搜集并统计学生的猜测，帮助教师提前了解学生的想法。教师能够根据统计的结果，设计课堂上的教学内容，针对学生比较多、比较典型的猜测，确定了三个探究问题：电池节数、线圈圈数、铁钉粗细，并提前做好探究材料的准备，提高了课堂教学的针对性。也正是有了信息技术的帮助，过去需要两个课时的内容，现在可以用一个课时来完成。

（2）巧用技术，提高同伴分享效率。以往的科学课，要组织学生进行交流分享，往往是让学生带着自己的探究记录，借助视频展示台，然后进行分享。这种方式学生集体同一时间只能看到一个小组的数据，交流分享的效率太低。后面有老师尝试在黑板上画一个数据汇总统计表，各小组实验结束后到讲台上往汇总表里填入数据。这种方式，学生填数据时一拥而上，也比较费时。借助云表格平台，学生可以在自己的座位上，随时随地上传数据，数据的分享和实验的过程完全可以同步进行，不额外占用时间，相比以往的分享方式最快捷。

（3）活用技术，提高同伴互动效率。集体论证是科学探究过程中的重要环节，学生借助云表格平台进行汇报时，不仅能展示自己的实验数据和结论，还能展示自己的实验过程照片，丰富了汇报的内容，使得汇报的过程更加生动，容易吸引全体学生的注意。同时，借助图片，可以进一步帮助我们反思、发现实验过程中所存在的问题，从而保证实验过程的严谨规范、实验结论的科学。云表格的运用，使得小组分享和实验过程同步进行。只要数据分享上传完毕，同一工作区里的所有成员都可以浏览，并发表自己的评论。每一名同学都可以在自己的 iPad 端查看所有小组的记录，浏览的过程也是一种学习，帮助学生掌握更多的知识。

七、案例七：网上查找信息①

【案例概述】

本节课是广东高等教育出版社出版的信息技术七年级上册第二章第三节的内容。在小学，学生已经懂得了如何打开某个网站，并浏览上面的信息。95% 的学生有过使用 baidu 或者 google 的经历，但绝大多数学生对搜索引擎的概念和意义不大了解，缺乏使用搜索引擎的主动意识和技巧。学生通过本节课的学习，可以将以往的简单浏览网上信息的实践经历上升到理论的高度，可以提高网上查找信息的效率和搜集到有效信息的概率；Moodle 平台具有灵活、丰富的课程活动：论坛、测验、资源、投票、问卷调查、作业、聊天室、Blog 和 Wiki 等，它能为教师提供课程管理、学生管理、作业收发及其评价反馈、师生在线交流、小组学习、在线测试，并能形成试题单项分析报告等。选用 Moodle 平台作为实施课堂教学的工具，它的优势就在于其设计与开发充分体现了“建构主义理论”的教育理念，有利于同伴教育的开展，让学生在生生同伴互动或师生同伴互动的过程中，自然地建立起概念。

① 本案例根据深圳市南山区第二实验学校李文艳老师提供的资料整理。

【教学过程】

环节一：设问导入，明确目标

上课开始，教师就在电子白板上呈现：“任务一：广东欣赏银杏的旅游地点在哪里?”导入新课，引起学生的求知欲。大部分同学会把“广东欣赏银杏的旅游地点在哪里?”整句话作为搜索关键词，为讲授提炼关键词学习做铺垫。

环节二：自主学习，探究新知

（1）自主探究学习，阅读课本 31 至 32 页，学习如何提炼关键词，完成学案：“任务二：提炼关键词”。思考并回答问题：关键词一般需要具备什么特点?

最适合的关键词：广东、银杏、旅游或广东什么地方有银杏等。

（2）阅读课本 34 页，自学当前页中查找信息的方法，完成“任务三：在当前页中查找韶关南雄银杏的相关信息”。

第一步：打开百度——百度百科。

第二步：键入你提炼的关键词。

第三步：单击浏览器中的“搜索”菜单。

（3）学习利用专题网站查找信息的方法，为完成“任务四：韶关南雄银杏之旅攻略 . doc”做好准备。

通过 Moodle 教学平台，让学生根据教师提供的“网页资源”一步一步地学习，学生可以通过浏览网页中的步骤，一步一步掌握操作方法；教师也可以将演示讲解以“链接到文件”的方式将操作步骤通过屏幕录像软件制作成一个视频文件展现给学生，学生可以通过观看视频来掌握操作方法。通过这种方式，可以满足不同层次的学生的个性化学习。

环节三：同伴分享，互助协作

李老师拟定 11 月 23—24 日去韶关南雄欣赏银杏，请大家帮助老师制订两天的行程攻略。请同学们完成“附件 2 韶关南雄银杏之旅攻略 . doc”。

附件 2 “韶关南雄银杏之旅攻略”
时间：11 月 23（周六）和 24（周日）两天。
行：往返深圳韶关 400 元以内的交通方式。
玩：具体地点和特色介绍。
住：酒店 200 元以内。

日期	行				玩	住
	交通类型（火车/汽车）	班次/车次	发车时间 到站时间	票价（元）		
去往 11 月 23 日						
返回 11 月 24 日						

教师引导学生自由选择相互认可的同伴组成小组，同伴之间分享自己作品和问题点，在此过程中，人人展示，多向交流。对于一些需要进行专题讨论的问题，可以使用聊天室模块或者讨论区模块进行组织。教师发起如何考虑时间和景点安排的讨论，学生针对问题进行回复。学生的回复信息实时在网页中显示，人人的观点都得到了最大化的交流和分享。

环节四：作品展示，同伴互评

学生小组分享说明自己的小组旅游攻略，其他小组思考、对比及反思自己搜索信息的方式方法，并对各组的作品互相评价，选中你认为最合适的安排。

作品一：韶关南雄银杏之旅

日期	行			玩	吃	住
	交通类型（火车/汽车）	发车时间 到站时间	票价（元）			
去往 11 月 22 日	G1018	18:00—19:30	179	高铁		武江区人民政府招待所 0751－6980999
11 月 23 日				8:00 出发去帽子峰林场，自驾线路见附件	早：帽子峰林场职工餐厅；午：到帽子峰林场后先提前订好餐厅	武江区人民政府招待所 0751－6980999
返回 11 月 24 日	G75	20:03—21:30	179	丹霞山		

作品二：韶关南雄银杏之旅

日期	行			玩	吃	住
	交通类型（火车/汽车）	发车时间 到站时间	票价（元）			
去往 11月23日	G6012	7:10—8:43	179	帽子峰林场		住南雄
返回 11月24日	G1017	17:54—19:24	179	珠玑古巷等		

教师引导学生对比两组作品，作品一用了三天时间，周五去周日回，这样第二天游玩的时间充裕，缺点是多花一晚的住宿费用；作品二周六去周日回，游玩的时间很紧张。

Moodle平台提供了互动评价模块支持这一教学环节。互动评价被分为五个阶段：设置阶段、提交作业阶段、评价阶段、成绩核定阶段、关闭。教师经过简单的设置互动评价简介、提供作业说明、设置评价表格就完成了互动评价活动的建立，学生即可按照流程提交作业、互相评价到最终成绩的生成。学生参与自评、互评。评价数据由系统自动统计生成图表，教师对数据进行展示反馈。

【案例评析】

（1）学生登陆Moodle平台，依据老师的教程展开自学活动。这样的学习活动看似仍然在教师的设定中进行，却发生了本质的变化。学生由接受知识转化为“学会学习”，课堂也由教师的单一预设的讲授变为动态生成的过程。

（2）根据行为科学的研究，如果信息的传达者和接受者经历相似并且关心的事情相同，面临共同的问题，接受者就更容易接受信息，从而导致相关态度、信念和行为的改变。教师引导学生与同伴与小组成员分享自己作品和问题点，在此过程中，人人展示，多向交流。每个人的观点都得到了最大化的交流和分享。

（3）充分利用了Moodle平台的“互动评价”功能。学生完成本节课的上机实践后把作品上传到“作品共享交流区”，然后以小组为单位，每个同学对小组成员的作品进行打分。通过学生参与作品评价，一方面使学生学会对自己和他人的学习结果进行评价，使学生真正成为学习的主人；另一方面学生通过观察分析其他同学的作品，对照自己的作品进行自我反思，发现不足，调整自己的作品。

（4）题外话：同伴教育的课外拓展延伸。同伴教育不仅在课堂中，也在生活中。本节课结束后，教师借助学生们的攻略，和自己的同伴一起带着孩子和他的同伴，与韶关南雄银杏来了一场美丽的遇见。

信息的获取是信息技术应用（获取—加工—表达与交流）的第一个环节，而从因特网上搜索信息是信息获取的重要途径。由于学生的水平参差不齐，缺乏使用搜索引擎的主动意识和技巧，若要快速从网上查询到想要的信息，运用同伴互助的教育方式，结合 Moodle 平台的教程模块、资源模块、作业模块、评价模块、论坛模块、测验模块等功能能较好地解决本堂课的问题。

八、案例八：《滴水实验》①

【案例概述】

本案例是从北师大版四年级数学上的相关课程内容“数据统计与应用”中选材，利用同伴教育的理念设计的学生实验。孩子们在实验中发现问题、分析问题，在玩中学、学中悟，他们自由组队、自行选题、自主探究，通过讨论制定出具体实施步骤，最后分组进行不同形式的展示。他们乐此不疲，都希望主动再去完成一系列的数学拓展实验。该案例以生生互动为主、师生同伴为辅来引导孩子完成上述实验。

本次操作实验的重点是让学生理解实验要求，学会查找资料，进行分析。在实验操作过程中，学会协调，学会分享，学会经验交流，学会同伴互助。由于学生对课本知识很熟练，老师需要引导孩子抛出几个项目内容，引导孩子通过讨论、探究找到自己所喜欢的内容。学生们在整个过程中，明白了团队意识，懂得了同伴交流、同伴互助、同伴协商，最后一起共同完成了实验。

【教学过程】

1. 自主组建团队

学生自由组队，依赖平时构建的朋友圈，主动尝试，自由构建自己的团队，寻找最适合团队的合作方式、最习惯的做事需求、最舒适的方式、最愿意与之合

① 本案例根据深圳市南山外国语学校（集团）文华学校罗迪老师提供的资料整理。

作的伙伴，和一群志同道合的好伙伴一起完成一个大的创想。

2．选择实验主题

在选题的过程中就会涉及合作和互动问题，特别是在选择做什么项目上，让学生自主给出意见想做什么项目，想做哪种实验，为什么？然后把所有方案记录下来，在自己的小组内进行交流、协商，最后根据孩子们各组商量的结果，留下其中的三个项目，用自己的方法，进行最终确定。

在讨论的过程中，有争议、有直接赞同，也有直接反对的。一组学生在选择做“滴水试验”还是“生活中的几何”的时候，组员之间产生了不同的意见，教师作为一个简单的沟通者，进入了他们的小组参与讨论，提出一个观点：我们不能强迫别人去赞同自己的观点，但当大家意见不统一时，可以尝试介绍你的想法和原因，也许他们就会赞同你！

孩子们在这个过程中，学会了倾听，学会了自己去解决问题，学会了讨论、交流、分享，最后几个孩子阐述了自己不同的思路和想法，通过举手表决、少数服从多数的办法最终选择了“滴水试验”。孩子们用自己的方法，挑选了自己最满意的项目（见图 6－31）。

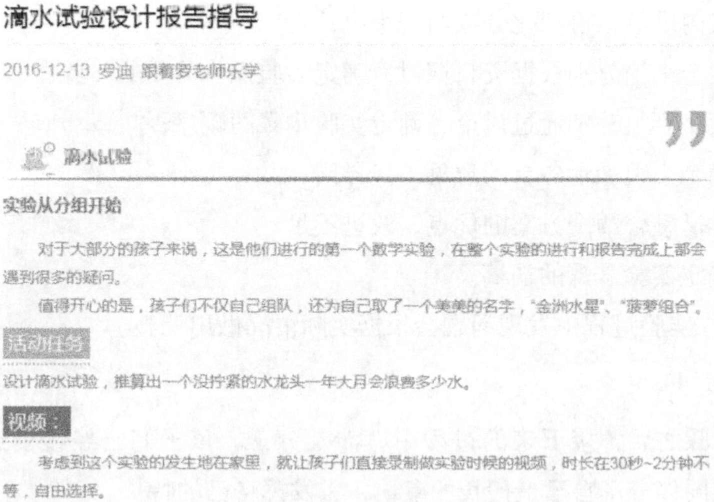
滴水试验设计报告指导

2016-12-13 罗迪 跟着罗老师乐学

滴水试验

实验从分组开始

对于大部分的孩子来说，这是他们进行的第一个数学实验，在整个实验的进行和报告完成上都会遇到很多的疑问。

值得开心的是，孩子们不仅自己组队，还为自己取了一个美美的名字，"金洲水星"、"菠萝组合"。

活动任务

设计滴水试验，推算出一个没拧紧的水龙头一年大月会浪费多少水。

视频：

考虑到这个实验的发生地在家里，就让孩子们直接录制做实验时候的视频，时长在30秒~2分钟不等，自由选择。

图 6－31　同伴自主选择的试验项目

3. 构建同伴关系网

在选题的过程中，小组每个成员都会阐述自己选题的理由，其他同伴或多或少都会在心里留下印象，加上小组成员会根据平时接触时的印象，最后无形中就会产生一个 leader。

4. 分工查找资料

Leader 在这个过程中会起到组织、统筹和协调的作用。孩子们根据自己选择的实验，进行相关知识的查找。这一块内容更多是课后进行交流、沟通解决。

小组成员开始是无目的地寻找资料，两天内整理归纳自己的资料，当然课间也会进行简单交流，避免重复劳动。

收集完资料后，将其汇总并筛选出有效信息，再次判断选题可研究的内容和方向，然后再分工进行精查找。

学生查找的工具包括生活常识、书本、电子信息软件等。孩子们在查找的过程中会发现很多的相关信息，这个时候就需要做信息筛选，智囊团就在这时候发挥巨大作用。

5. 制定实验步骤

（1）组内成员，再细化分成两个小组；

（2）两个小组分别根据资料探讨，确定实验操作需要的步骤；

（3）两个小组分别通过讨论，确定实验步骤的顺序；

（4）两个小组展示各自的意见，找异同；

（5）尝试融合两个方案的优点，改进不足；

（6）确定实验步骤的初稿。

（注：在实验过程中发现问题会根据实际情况做出调整。）

6. 实验分工

确定步骤之后，接下来的过程中就涉及分工。孩子们已经慢慢进入团队模式，开始和同伴分享自己最擅长的事情，去发挥自己的特长。

Leader 起到了一个管理、调节的作用。在分享交流过程中，团体中产生实操者、展示者、记录者（过程中发现有缺少的角色，就会有孩子主动承担，并添加记录）。

不知不觉中，组员都找到了自己明确的定位和目标！到这个时候为止，一个分工明确、准确定位的同伴互助实验团队算是正式建立了（见图6－32）。

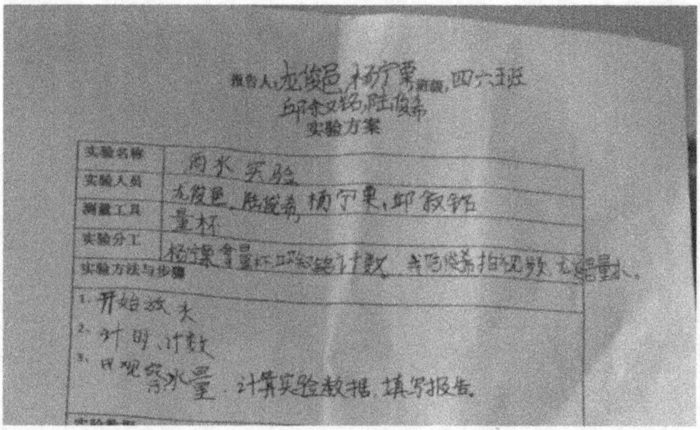

报告人：[illegible] 班级：四六班

实验方案

实验名称	滴水实验
实验人员	[illegible]
测量工具	量杯
实验分工	[illegible]
实验方法与步骤	
1. 开始放水 2. 计时、计数 3. 观察水量，计算实验数据，填写报告。	

图6－32　自建同伴小组的实验方案单

7. 具体实验

确定分工后，实操者进行实际操作。孩子们为了准确性和可靠性，会录制实验过程，并重复1～2次。

在这个过程中，值得欣慰的是，孩子们在整个实验的操作过程都是使用各种器皿去盛放滴出来的水（见图6－33）。

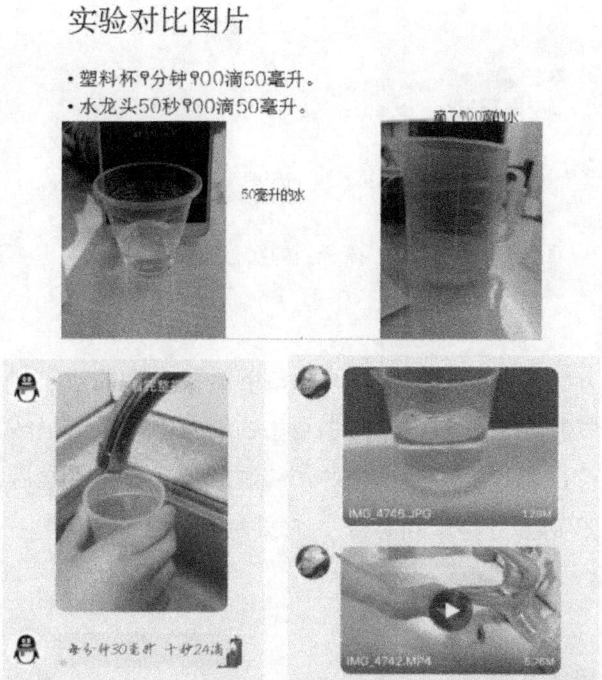

图6－33　孩子们开展的实验对比图

8. 计算分析实验数据

对实验收集的数据，进行整理分类，并分析（见图 6－34）。

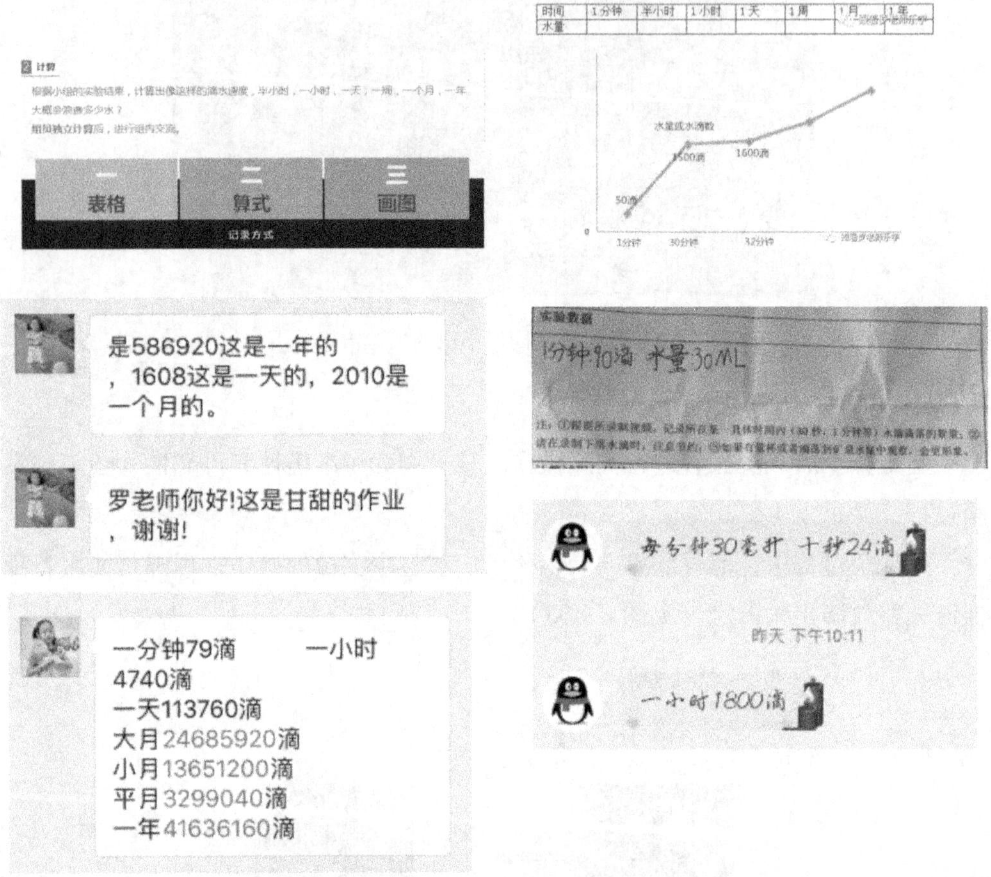

图 6－34 孩子们的实验数据记录

9. 联系实际

联系实际，分析并描述不同的时间滴落的水滴可以被如何利用。孩子们以此为出发点，分别收集他们平时可见的水利用的地方，并找出很多特别有意思的东西。比如：①我可以用接了一个小时的水滴刷牙；②我跑步之后，额头流汗的水量，水龙头滴水不到一分钟就可以了，它果然是最大的“汗王”（见图 6－35、图 6－36）。

时间	1分钟	30分钟	1小时	1天	1周	1个月
水滴数	80滴	240滴	480滴	11520滴	80640滴	345600滴
水量	26毫升	780毫升	1560毫升	37440毫升	262080毫升	1123200毫升
利用例子	兑水（画画颜料，毛笔字墨水）	浇花 刷牙（两人）	1天的饮水量	洗米 洗菜	洗车 洗衣服 冲马桶	洗澡

图 6－35　不同时间滴落的水滴的用途

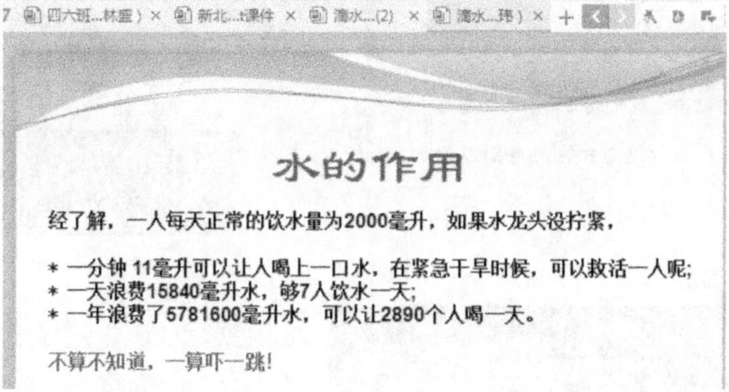

图 6－36　不同时间滴落的水滴与人类饮水的关系

10．思考与反思

之前做了滴水试验报告，就根据实际联想到节约用水，并在家观察什么地方可以节约用水。寻找节约用水的目的和意义是什么，让孩子通过同伴式数学实验理解明白保护环境的重要性（图 6－37）。

11．自我评价

图 6－38 是教师构思的评价体系，孩子也可以根据自己的讨论，来增加更多评价。

12．自我展示

做完了实验，写完了实验报告，孩子们又有了不同的展示方法，有愿意做 PPT 的；有愿意做成视频的；也有愿意登台直接讲解的。这又是一种展示自我、表达自我、升华自我的平台。

图 6－37　学生实验报告展示图例

自我评价

设计实验方案合理可行	♡ ♡ ♡ ♡ ♡
得到的实验数据合理可信	♡ ♡ ♡ ♡ ♡
小组分工合理，积极参与活动	♡ ♡ ♡ ♡ ♡
能用得到的数据解决问题	♡ ♡ ♡ ♡ ♡
能积极与同伴进行交流	♡ ♡ ♡ ♡ ♡

图 6－38　实验报告评价体系

【实验课例评析】

（1）课程内容延伸，打破一本书时代。滴水试验作为数学好玩的补充内容，最大的亮点就是补充数学中动手实操的部分。让孩子们通过交流、沟通，自己去慢慢摸索、探究，在实验中发现问题，找到矛盾，解决问题。

（2）教师教法融合，突出同伴互动评价。师生互动为引导，生生互动为主导，体现了现代学习的教与学，实践结合经验，实验结合数据分析，帮助学生成长，找到其中的快乐。

（3）信息技术融合，为同伴提供交流分享平台。学生受教师影响，对数学辅助类电子产品和软件应用得心应手。信息技术强调思维能力训练的展示，同时也给孩子一个平台，去展示和发展自己的优势和优点，在孩子的手中成为一把利剑。

九、案例九：学生互评作文教学案例①

（一）引言

《小学语文新课程标准》中提到：第三学段5～6年级习作教学要求学生学会“修改自己的习作，并主动与他人交换修改。”叶圣陶先生在谈及这个问题时，曾谈出几点意见：第一，教师改文目的在于使学生能自行改文；第二，要使学生能自行改文，学生应该辨别自己文章的优点；第三，严格要求学生探索修改方法，学生一定能学会修改文章。学生与他人互相评改作文，可以分享感受，沟通见解，并在评改中提高自己的习作水平。从事小学语文教学以来，作文教学一直是困扰我们的最大难题，如何提高学生的作文水平也成了难点中的难点。作为教师，尽管每次批改作文都很尽心尽力，每个学生的作文本上既有等级，又有眉批和总评，但大多数学生对教师这种呕心沥血的“精批细改”并不大注意，只关注自己的得分情况。至于评语，极少有学生能去好好领会和揣摩、总结经验教训。多年来，范老师在作文教学中尝试着探索指导学生评改作文的新路子，即指导学生互评互改作文。

① 本案例根据深圳市南山区育才教育集团育才二小范惠英老师提供的资料整理。

（二）活动概述

范老师执教的五（6）班是从一年级一直带上来的，因此她对班上学生的学习习惯及学习成绩了然于胸。在四年级时她注重引导学生用修改符号自我修改作文，进入五年级后着重引导学生互评互改作文。经过一学期的训练，已使学生互批互改作文成为一种习惯，既充分发挥了学生的主体作用，又使教师从繁重的工作中解放出来。这种同伴互评互改的作文教学活动主要培养学生掌握作文互评的步骤与方法；学会赏析，培养学生的阅读能力、表达能力和语法修辞能力，整体提升综合语文素质和文化素养；培养学生主动探究、团结协作、勇于创新的精神，促进相互了解和合作，共同提高写作水平。

（三）活动过程

1．准备阶段

（1）动员。首先阐明学生互评作文的意义，转变学生的观念，纠正学生认识上的误区，解除学生的顾虑，激起他们对互评的热情，为后面的实践做好思想准备。

（2）分组。把全班学生分成若干个 4 人小组，分组原则是组内异质、组间同质。选出 1 名优秀学生担任组长，主要负责组织小组评议和推荐佳作的工作。

（3）教师范改。学生开始修改作文时，往往不得要领，不知如何改。教师要事先进行示范批改。找出一两篇带有普遍性的、典型的作文，用多媒体展示出来，然后逐句逐段地分析、批改，教给学生互评作文的基本方法："增、换、删、调"。这种点评具体、直观、仔细，也能通过示范让学生学会如何评改作文。

2．实施阶段

五年级上学期：

（1）教师将全班学生分为 AB 两大组，每次作文教师轮流批改其中一大组，另一大组由学生小组互评。

（2）PPT 出示本单元教师有批阅修改痕迹的范文供学生学习参考。

（3）教师分步指导各小组批阅文章：一读文章，圈出错别字，也可帮助修改；二读文章，品味佳句好段。遇到比较好的句子或段落，先用波浪线勾画，同时在“批语”处注明其表达效果，即好在哪里，从而训练学生的鉴赏和评价能力。三读文章，挑病句，写修改建议。仔细品读文章，体会文章中不妥当的地方，如用词不当、语序不当、句子不通顺之处，或者丢字、重复的地方等。发现之后，用横线勾画出来，并能用增加、删除、调换语序等修改符号进行修改，或者在“批语”处写出修改建议。

（4）小组评议。组长组织大家传阅、讨论，交叉阅读习作，教师参与各小组评改，引导学生侧重看中心或选材，或结构、语言、表达方式等。每次习作互评都由组内成员轮流执笔写出评语，并把参与合作互评的小组成员名单记录在评语后。最后组长对这次评改进行总结，推荐佳作，全班共赏。

（5）师生点评。对各组推荐的佳作或精彩语段语句，用多媒体展示出来或由习作者本人在全班朗读，大家共同欣赏，并进行集体点评，有时也可对有争议的习作加以点评，而且形式应该多样。教师随机点评，以肯定小组意见为主，抓住文章及评改意见的主要优缺点进行评议。

（6）自我修改。作文本还给作者。作者认真阅读评语及修改意见，修改作文。

五年级下学期：

（1）教师将全班所有的习作浏览一遍，做到心中有数，挑出个别不符合本次习作要求的作文，单独辅导后让学生修改重写，最后统一进行全班互评。

（2）教师指导学生个人独自批阅习作。经过一学期的锻炼，学生已掌握了评改作文的方法，也有了一定的鉴赏水平。为此，本学期由小组集体互评作文改为个人互评作文，以便提高批改的效率及速度，更快地提高学生的评改能力。

（3）将学生按平时习作水平分为好中差三类，在分发批改的作文时，有意识地把好作文发给习作能力较弱的学生，让其学习同学的优点；把写得差的作文发给习作能力强的学生，让其帮助同学进行恰当的修改，为其提出合理的建议。做到每个学生每次评改的是不同学生的习作。

（4）学生互评后，自主推荐优秀习作全班欣赏。

（5）将全班学生互评的习作收齐，教师复批，检查学生批改情况，视具体情况补充旁批，并在每位学生所写的评语后再加上老师的简单评语，给出等级。这样既让学生在互评中有所收获，又不会出现因少数学生批改习作的能力较弱而发生评改不当的现象。

（四）教学成效

学生们在互评过程中情绪饱满、气氛热烈、兴趣浓厚。互评、批阅、讨论、评价都非常认真积极。学生之间相互给予的鼓励有时比老师重复多次的激励更有效，学生是学习的主体，如果主体学习的兴趣没有了，势必无法达到教学目标。学生在评语写作中体现了自己对作文的关注，并且学到了同学的优秀写作方法。在评改别人的文章过程中，发现自己写作上存在的问题，在与同学交流中掌握写作技巧和方法。同时培养了写作的信心和热情，调动了写作的积极性，不再害怕写作，从而乐意写作。

有的同学说："平时阅读课外的文章或者有关作文之类的杂志时，总觉得离自己很远，无法静下心来学习文章的优点。可是批改同学的作文时，却觉得文中叙述的内容熟悉而又亲切，不由自主地就学到了不少好的写作方法。"有的同学说："大家在互评作文中，不仅可以向身边的同学学习如何写作，还能帮助其他同学学会如何修改作文，提高习作水平。"有的同学说："有时在阅读同学的文章时，我也会试着想如果是自己来写这个事例，我又会如何写呢？"还有的同学说："在批改同学作文的过程中我也进步了！"……正因为如此，学生不再惧怕写作，习作水平在不断提高，语文的整体素养也在不断提高，而学习成绩自然也水涨船高。在本学期刚刚结束的育才教育集团期中抽测中，班上的语文平均分取得了集团第一名的好成绩。

第三节　家生同伴的实践案例

一、案例一：人机同伴形成学法；师生同伴，精准教学①

——学府中学"家庭作业通"实践案例

（一）引言

同伴学习是指通过"同伴"积极主动的协作和帮助来获得或者巩固掌握某种知识、技能的一种学习活动。同伴教育是指建立有相互认同感的社会关系主体

① 本案例根据深圳市南山区学府中学张红玉、向仕龙两位老师提供的资料整理。

之间，共同分享信息、知识和观念，相互传递思想、情感，以唤起感情上的共鸣，促进社会规范在个体身上内化、达到相互感染而奋发向上的一种教育方式。

“互联网 +”时代，信息技术带来了众多的学习方式，如项目学习、游戏化学习、在线学习，也带来了新的课堂模式，如高效互动课堂、个性网络课堂、高阶学习课堂。云计算、无线网络、平板电脑、触控技术、手写输入、便携移动、语音识别等新名词接踵而来，改变着同伴教育的学习、分享、互动的方式。

在一个学生的学习过程中，“习”比“学”更重要，为什么？因为那百分之八十到百分之九十的学生要精熟学习内容，主要靠“习”。“成绩来源于正确的练习。”“习”的质量直接关乎考试成绩，学业质量很大程度由学生作业质量决定。“学”在大多数时候可以有同伴交流分享合作，而“习”，即做习题、写作业的过程大多发生在课后。在家里，缺乏帮助与即时反馈，老师不能像掌控课堂一样对家庭作业进行有效管理。孩子回到家里以后，没有同伴的交流，没有老师的指导，孩子家庭作业时段与老师和同伴交流是盲区。老师不知道他作业写了没有，不知道学生是专注地写还是散漫地写，是通过各种方式抄的答案还是自己独立思考完成等。学生家庭作业遇到困难时不能得到老师的及时帮助，第二天到校又有第二天的学习任务，形成死循环，以致部分学生沦落成差生。

可以说，目前课外作业刀光剑影却是杂草丛生，而学校教学却是一片蓝海。若对课外作业管理进行科学规划，精准跟踪，即时反馈，促使教学质量上升空间会很大。所以，学校要像研究课堂教学一样来研究学生的课外作业。

（二）项目概述

在同伴教育理念的支持下，学府中学教科室联合信息中心自主开发了一款“家庭作业通”平台，让学生在课后完成传统纸笔家庭作业时，通过家长利用移动终端和老师进行同伴合作，突破时空，即时监测反馈家庭作业环节；让老师统计记录反馈作业数据，让学生独立思考，反思订正，质疑提问。减轻学生作业负担，减轻教师收作业、改作业负担，让老师抓住教学的关键，分析数据因材施教，课堂教学有的放矢，学生问题跟踪落实，达到师生共同减负增效，提升学习效果，提高学生成绩。

（三）项目实施过程

学府中学“家庭作业通”这款“互联网 + 家庭”作业平台为老师日常教学

作业发布及跟踪提供服务，让孩子在混合空间中（线上空间与线下空间）完成家庭作业。纸笔作业、网络上交、电子数据，实现人机合理分工，让传统与现代相结合，即传统写作业、网络收交作业、作业数据保存与分析。具体实施过程如下：

（1）教师线上布置作业。教师白天课后在作业平台布置作业内容，包括设置答案。

（2）学生线下完成作业。学生放学当天下午或晚上在家完成纸质作业。

（3）学生首次提交作业。学生的纸质作业通过家长签阅后，在家长的指引下用手机和平板登录作业平台，把作业拍照上交，同时也让家长了解学生。

（4）触发答案，自批作业。人机交互，学生手指触碰上交作业后，答案自动在移动终端成效，学生可以查看答案，对照答案对自己的作业进行自主批阅，对错题进行订正反思。

（5）修改作业，提出质疑。学生将订正反思后的作业再次上传，可以对作业中的疑问提出质疑，等待老师指导。

（6）教师统计与应用数据。教师比对查看学生首次提交的作业和自主批改的作业，进行数据收集和分析，针对学生的问题进行指导和答疑。

（7）同伴互助，巧用生成错误资源。同伴交流，学生可以查看点评其他同学作业中的错误和修正过程，也可以帮助教师回答同伴提出的疑问，同时查看活动的积分。

附：“家庭作业通”学生端具体操作界面（图6－39）

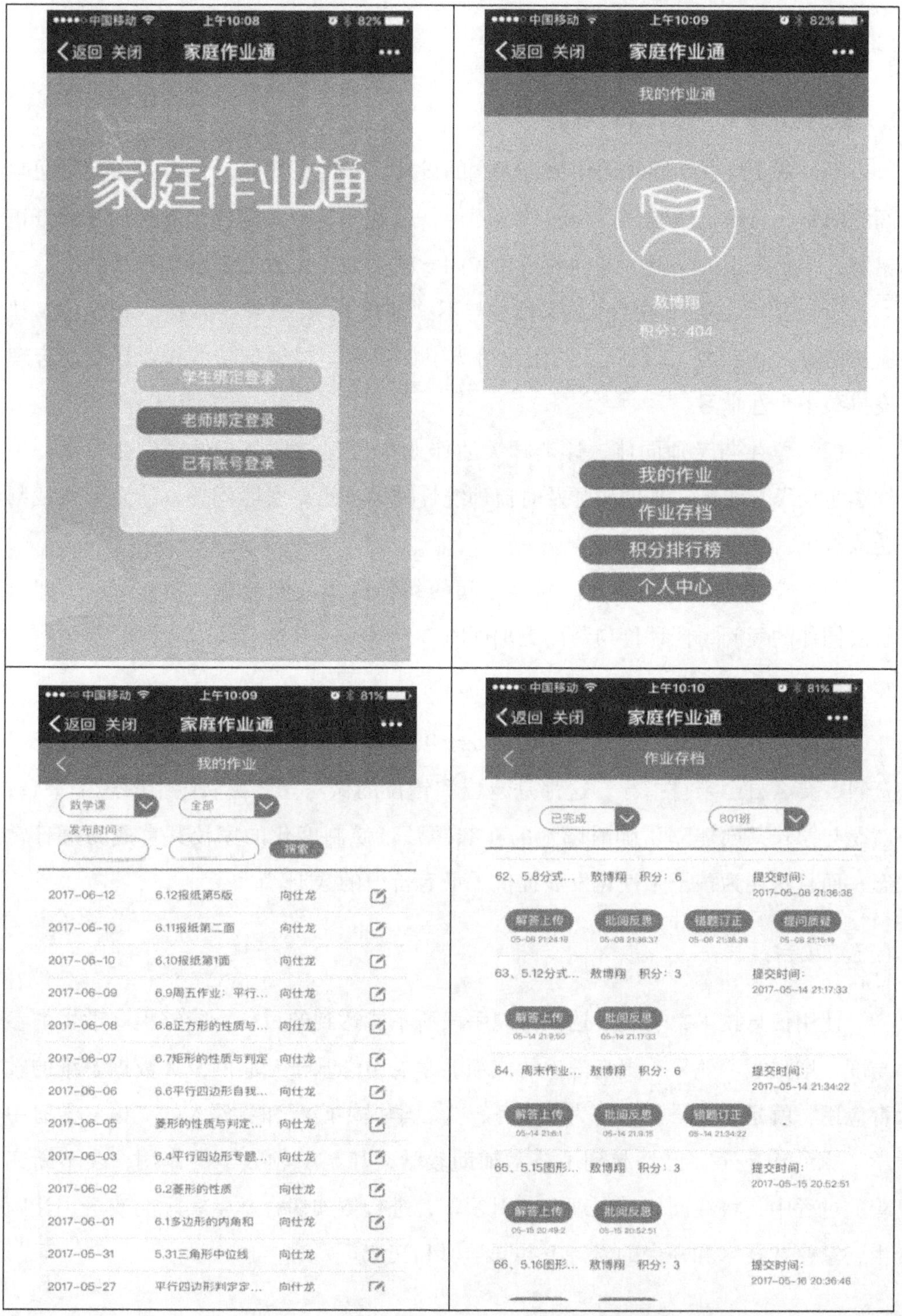

图 6－39 “家庭作业通”学生端具体操作界面截图

（四）项目成效

1. 多方同伴参与，提高作业质量

平台基于泛在学习和同伴教育理念的设计，学生在作业时，可以突破时间空间的限制，与家长做同伴，与同学做同伴，以及与老师做同伴，及时批改和订正错题，得到家长的支持、老师的指导和同学的互助，大大提升了学习效果。

（1）学生与家长同伴，让家长参与不“缺位”、让家长“帮扶”不越位、让家长指导“不错位”，对孩子的作业情况了如指掌。根据孩子的作业档案，合理安排孩子个性学习。

（2）学生与老师同伴，让老师关注作业全过程，从源头保证作业质量，关注学生反思与纠错，帮助教师及时梳理统计教学不足，紧盯问题，让老师从裁判转成教练，全过程帮助学生。

（3）学生与学生同伴，让同伴之间的纠错资源共同分享，相互帮助，即时解决同伴的疑问，让评价与帮助更加即时。

2. 家校共育，家长的困惑有了办法

在孩子的学习上，大多数家长都处于焦灼状态，要么家长到处给孩子买补习资料，要么自己亲自指导，这都是越位和错位的做法。“我们应用的这个平台，就是与家长共同建立了随时随地的在线跟踪，使制度化的家校共育成为每日常态；而且这还为孩子个性化发展提供了最有价值的数据。”

（五）项目反思

使用信息技术，有利于达到常规手段所不能达到的目标，能够提高学生的参与度，增强学习效果，提高学生的成绩。学府中学基于互联网及大数据思维的教育应用，就是要让科技设备为人服务，为教学提供广泛和更深入的支撑。学府中学“家庭作业通”已经起到了技术辅助教学，甚至引领教学的作用，在不断完善的过程中，将在同伴教育理念的引领下，进行更加切合学生实际的改进，让师生、家校在技术和平台的支持下共同学习和交流。

二、案例二：让学生从“自卑”走向“自信”谈[①]

（一）案例背景

2008年，学校决定让我接手一年级。在新生报到那一天，在一群天真活泼可爱的“小孩”中，C同学引起了我的注意。她总是默默地坐在自己的位置上，目光略显呆滞，表情也有点僵硬，似乎快乐与她无关。顿时，在我心里冒出一个想法：在以后的教学生活中，必须关注这个孩子。果不其然，在单元测试后，她交了一张空白卷——题目没做，连姓名栏都是空白的，这让我高度紧张起来。

（二）案例概述

我先对孩子入学前的情况进行深入调查与家访，然后根据调查情况，确定通过同伴的力量影响孩子，最后采用生生同伴阅读、亲子同伴阅读，以及集体生日会形式，鼓励孩子树立自信心，让孩子实现了脱胎换骨的变化。

（三）案例过程

1. 调查访谈，了解情况

教育者为了避免在转化过程中不必要的弯路带来的挫折和失望，需要通过调查访谈，了解被改变者所处的环境（主要是家庭环境）对他们的影响，从而充分估测和研究儿童内心的需求，并进一步印证方法及手段的科学性和可行性。毛泽东主席在《反对本本主义》中曾说：“你对某个问题没有调查，就停止你对某个问题的发言权。”

C同学作为新生进入全新的环境中后，一直默默地坐在自己的位置上，但我隐约能从她的眼神中读出她的想法：我想有人陪我玩，但我不敢去找他们。而我不知道她真正的需要究竟是什么，直觉代替不了事实。

后面的一段时间里，我一直静观其态，她依然如此。一次考试后，C同学的成绩很糟糕，我意识到要主动出击去了解她，但从哪里着手，我毫无头绪，于是向有经验的老教师讨教。老教师的一句话，让我眼前一亮：你为什么不去了解一

---

① 本案例根据深圳市南山区南油小学徐火青老师提供的资料整理。

下她的家庭情况？孩子的问题多半是家庭的问题，是啊，我怎么没想到呢？

在一个周五的晚上，事先与家长沟通好后，我来到C同学的家里进行家访。进门后，在家长的反复劝说下，C同学小声地向我问好：老师好！发音不清楚，而她旁边的小弟弟却非常活跃，主动跟我打招呼。

坐下后，我跟家长反映了C同学的近况，并提出培养孩子自信的希望，同时希望家长尽可能提供孩子详细的情况，包括出生时的情况。家长很客气地对我说："不好意思，给老师添麻烦了。"我笑着回答："现在不是谈麻烦的时候，我们现在要做的，就是了解背后的原因，然后家校合作，一起来想办法，帮助孩子建立自信，毕竟孩子还小，她还有很长的路要走。"在简单的寒暄后，家长向我介绍了C同学的情况：在弟弟出生前，性格内向的她说话声音虽然有些小，但还不至于胆怯到如此程度；从弟弟出生后，她的性格就越来越内向，几乎不说话，我们经常鼓励她，但没什么效果。我问："在读幼儿园的时候，她表现得怎样？是不是像现在这个样子？"家长告诉我："幼儿园老师也跟我们说，这孩子很怪，她一定要确定正确的才敢说或做，而且很小声说，做也是非常犹豫。"

通过这次家访，我基本了解了孩子缺乏自信、沉默寡言的症结所在：一方面，孩子本身性格较为内向，在弟弟出生后，父母把大部分时间花在了弟弟身上，忽略了C同学的需要，让她感到失落，以致性格变得更加内向，而孩子内向的性格，让她不愿意与其他孩子交流，变得更加孤独。没有朋友、同学的帮助和关爱，使她陷入了内向—孤独—自卑—内向的怪圈。另一方面，家长缺乏家庭教育方法，忽视了培养孩子的自理能力，导致孩子依赖性强，遇到事情不懂得思考解决，无法获得成就感，让她陷入了更加自卑的深渊。找到了症结所在，我就对症下药了。我决定通过亲子阅读互助社和集体生日会这些集体性的活动，让她感受到集体的温暖，在集体中享受成就感。

2．开展生生分享交流，集体感化

我国著名教育家陶行知说过："真的教育是心心相印的活动，唯独从心里发出来的，才能达到心的深处。"集体所产生的教育力量，使关心集体的每一个成员的精神上得到充实；儿童对人生的探索，通过在同学身上找到自己所努力追求的东西，最终得到满足。总之，个体与集体之间的交互作用集中在一个主题上，必将有利于学生个体精神世界的成长。

在确定开展亲子阅读互助社和集体生日会两项活动后，我与班级家长委员会的成员协商活动细节，最终决定，以居住小区（或就近原则）将班级同学分成7个亲子阅读互助小组，每个小组自定每周末的某一天为集体阅读时间，阅读方式也自定。同时，各阅读小组必须有一个属于自己的响亮的组名。班级则每个月举行一次集体展示活动，活动形式包括：图书漂流、专题展示等。集体生日会则定在每个月最后一个周六，活动中，全班同学一起为当月过生日的同学庆祝生日，内容包括：共唱生日歌、父母送祝福、子女表感恩、同学献友爱、亲子阅读互助社展示等。

当年12月，家委会策划了一台“图书漂流暨圣诞联欢”晚会。晚会上，孩子们通过歌伴舞、群口相声、话剧和快板、舞台剧、诗朗诵和演讲等形式展示自己对图书内容的理解。不久，家委会组织开展了一次阅读专题展示活动，孩子们以读书小组为单位，选定一个主题，组织整理材料，制作PPT和辅助道具。展示现场，孩子们在众多专家、领导、观众面前，自信、充分展示自己学到的知识。在这两场活动中，C同学虽然声音还是有点小，但已经敢于张口朗诵自己负责的内容了。

这种表现与我的要求还有些距离，但C同学已经迈出可喜的一步了。在接下来与C同学所在的“七巧板”小组的组员交流中我发现，原来“七巧板”小组不仅组织在家庭里的阅读，还在家长带领下，到深圳大学的湖边、各个公园的草坪上进行天高地阔的阅读，还通过击鼓传花、亲子表演、角色表演、课本剧表演等方式进行阅读，愉悦宽松的氛围、舒适的环境，让成员们都打开了自己的心扉。

3. 亲子互动，鼓励前行

面对C同学的转变，父母、老师、同学都很高兴。但本真的教育是一种既授人以生存的手段与技能，使人把握物质世界的教育，又是导人以生存的意义与价值，使人建构自己意义世界的教育。因此，在C同学未真正认识到自信的价值的时候，或者说在未达到自信的自然状态的时候，活动仍需持之以恒，老师、家长依然需要鼓励其不断前行，告诉她：莫愁前路无知己，天下谁人不识君。

在一年级的活动基础上，我和班级家委会决定，二年级继续加强此类活动的频率。我们的亲子阅读因为其原创性和可推广性，被学校领导认可，于是学校领导让我们组织进行全校性展示。我的心顿时提到嗓子眼，C同学能行吗？于是，我重点关注C同学所在的“七巧板”小组，与家长沟通，除了进行例行的亲子阅读互助社的活动，还要求家长与孩子每天进行不少于30分钟的亲子阅读，方式与亲子互聊感受为主，评价也以激励为主。在小组同学和家长的共同努力下，在全校直播的展示活动中，C同学勇敢地站到台前，带着动作，声音响亮、流畅、有感情地把自己要朗诵的内容展示出来了，在现场，熟悉她的同学都给了她最热烈的掌声。

4. 案例反思

（1）同伴的感化是教育的源泉。让学生由“自卑”走向“自信”，科学合理的方法必不可少，而依靠集体的力量，建设团结友爱的班集体，让班上同学主动接纳和接近“自卑感”强的同学，给予其积极的影响，更是重中之重。因为人是群居的动物，人对社会的认识很多来自于同群组织。

（2）师生同伴，用心做起。教师在转变过程中要有“三心”：对待学生要有爱心，观察学生变化要细心，期待孩子变化要有耐心。

（3）亲子同伴，形成合力。孩子问题的背后往往是家庭教育和家庭环境的问题。因此，对“自卑感”强孩子的转化需要也必须得到家长的支持和配合，只有如此，才能达到“1 +1 >2”的效果。很难想象，一个不能得到家长支持的教育方法能坚持下去，并取得效果。

三、案例三：基于同伴教育理念，搭建学生艺术档案微信平台①

（一）引言

同伴教育是指建立在相互认同感的社会关系主体之间，共同分享信息、知识和观念，相互传递思想、情感，以唤起情感上的共鸣，促进社会规范在个体身上内化、达到相互感染而奋发向上的一种教育方式（石义琦老师关于“同伴教育”的定义）。

最好的同伴教育是同学与同学之间、学生与老师之间、孩子与家长之间达成相互尊重的、互融互通的分享交流模式。学生艺术档案微信平台的构建是基于这样的一种理念下创新设计开发的。

美术素养是学生艺术素养的重要组成部分，作为一线美术教师，我在美术教

① 本案例根据深圳南山区南头城小学肖栋昆老师提供的资料整理。

学过程中曾尝试构建每一位学生的纸质成长过程档案，一是为了保存学生学习全过程的成长档案，二是为了同伴交流分享与互动评价积累资料。但要想集齐一学期的档案资料确实十分艰难，由于师生比例悬殊，一位美术老师一般负责500人左右的课堂教学，比例是1∶500。因老师工作量巨大，纸质资料不好保存等多方面原因，成长档案到最后都不了了之，能将一至六年级成长档案袋完整保存下来的学生少之又少。

如今，互联网时代的到来给我们带来了许多便利，这是一个“机不可失”的时代，手机、互联网、微信成了现代人的标配。让互联网服务于美术教学，促进同伴分享交流与互动评价，客观地对每一位学生进行美术素质测评成为可能，因此，学生艺术成长档案微信平台的构建具有现实意义及研究价值，同时同伴教育也为平台搭建提供了理论支撑。该平台能为美术素质测评提供较为全面的数据收集，更加直观和客观，贯穿整个中、小学美术学习过程，并能多维度地对一位学生进行评价。希望今天的尝试能为美术教学管理与评价起到一些推动作用。

（二）项目概述

学生艺术档案微信平台在同伴教育理念的指导下，开创了全新的学校美术教育+网络测评。支持手机、iPad、电脑，阿里云空间储存，实现用户数据永久保存。

学生艺术成长档案是以时间为序，分学期为每一位孩子建立一个开放的“个人主页”和“班级主页”。分模块以照片、文字、音像等形式记录艺术学习的过程体验、阶段性成果和感悟，与他人分享成长的快乐，交流成功的经验。

家长通过微信为孩子注册，关注孩子的艺术成长，与孩子一起完成档案的上传，并参与到对孩子作品的评价过程中。任课美术老师可以补充上传，随时随地关注孩子的学习档案，点评、点赞和评出“优秀作业”“精彩互评”。所有同学和家长都可以浏览、评论和点赞，搭建起孩子、家庭、学校、社会沟通的桥梁。

学生艺术成长档案平台的每一项操作为孩子的素质测评提供数据，并折算成分值，系统自动为孩子统计出每学期的素质测评总分，可供孩子查阅。任课老师可下载全班总成绩。

（三）项目实施过程

要想在互联网云平台上实现同伴教育三个核心环节的必备条件：一、要有相对固定的共享与交流平台；二、要有相对认可的同伴或群体；三、要有可供学习、交流与评价的资源，三者缺一不可。

1．创建分享互动平台

自 2015 年底至 2016 年初，学生艺术成长档案微信平台便开始构想和开发建设，2016 年上半年进行个别班级试运行，之后逐步向全校推广试用，经过不断讨论和优化，建成了一个相对安全、操作简便、模块化，集美术学习档案记录与素质测评为一体的、分享、互动交流的美术素养综合评价平台。现有“美术作品”“艺术实践”“学习收获”“素质测评”四个模块。

2．建立相互认可群体

以五（2）班为例，每一位同学在互联网的平台中随时都能找到自己认可的同伴，因为平时大家是同班同学，相互熟悉，相互了解（见图 6－40）。

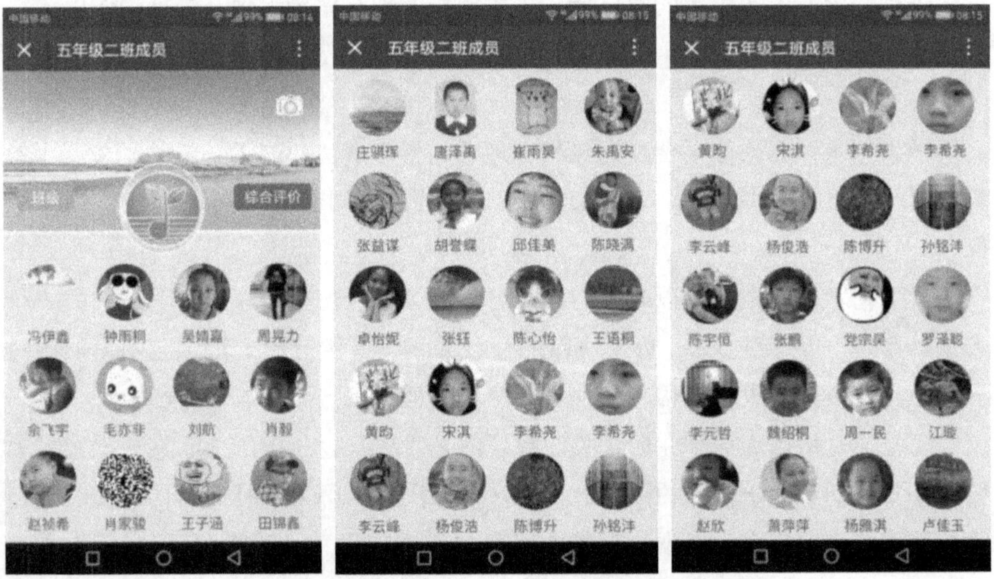

图 6－40　班级分享平台同伴界面截图

3．倡导作品分享与多维同伴评价

在平台上以时间为序，为每一位孩子建立一个开放的“个人主页”，分模块让孩子与家长一起上传自己参与艺术学习的作品照片、参与艺术实践的记录以及学习收获、感悟等，为同伴学习、交流、分享积累资源（见图 6－41）。

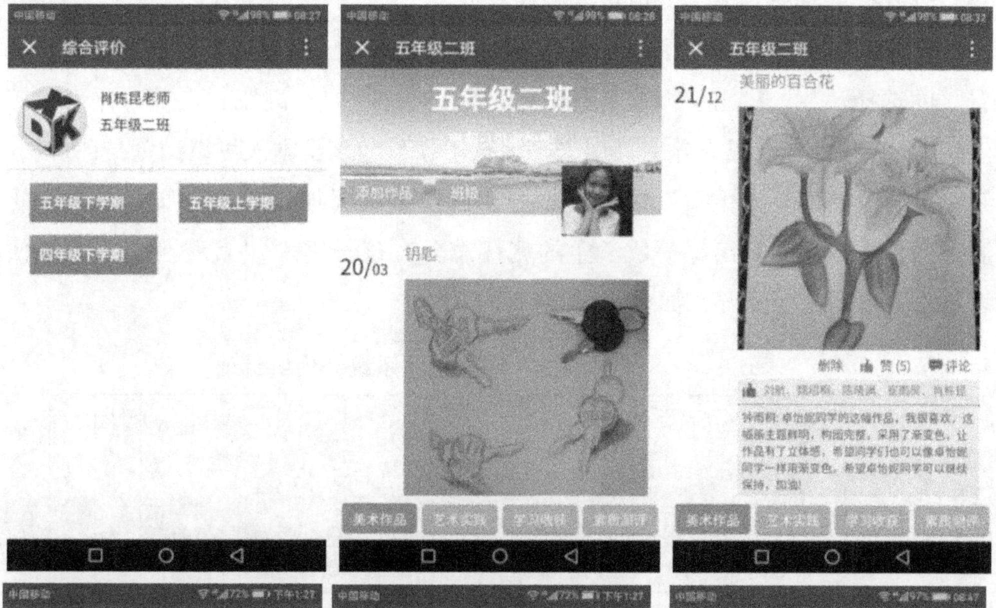

图 6－41 学生个人作品分享空间

班级里的多维同伴，包括所有家长、孩子和老师，点击名字便可进入某个孩子的“个人主页”，进行浏览、点赞和评论。

本班级美术任课老师除了浏览、点赞和评论外，还可以评选出“优秀作品”和“精彩评论”。

在平台上的每一次记录，如上传作品、同伴评论、获得“优秀作品”和

“精彩评论”，都有相应的分值记入测评总分。

上传“作品”时，为了尽可能地保护孩子们的自尊心，有“共享”或“私有”的选择。“共享”的作品可供所有老师、家长和同学浏览、点赞、评论和转发；“私有”的作品只有美术任课老师、孩子家长和孩子本人可以浏览与评价。

系统根据“个人主页”的上传情况，以及多维同伴的各项操作，在“素质测评”模块自动计算出每一位学生的测评总分，孩子进入“素质测评”模块便可查看自己的得分情况，如表6－4所示。

表6－4　×××同学　素质测评系统分值统计表

一级指标	二级指标	项目	测评细则									小分	指标得分	总分
基础指标 项目单项加分或扣分到二级指标满分止	课程学习（满分25）	出勤情况	迟到	−0.5	−0.5	−0.5	−0.5	−0.5	−0.5	…	无记录+5	3.5	22	91
			请假	0	0	0	0	0	0	…				
			旷课	−2	−2	−2	−2	−2	−2	…				
		课堂参与度	点赞	+0.5	+0.5	+0.5	+0.5	+0.5	+0.5	+0.5	…	2.5		
			加油	0	0	0	0	0	0	0	…			
			差评	−0.5	−0.5	−0.5	−0.5	−0.5	−0.5	−0.5	…			
		带用具情况	差评	−1	−1	−1	−1	−1	−1	…	无记录+5	3		
		作品上传情况	第一张+2	第二张+2	第三张+2	第四张+2	第五张+2	第六张+0.5	第七张+0.5	…	无记录0	8		
		学习收获	第一篇+3	第二篇+2	第三篇+0.5	第四篇+0.5	第五篇+0.5	第六篇+0.5	第七篇+0.5	…	无记录0	5		
	课外活动（满分15）	互评20个字符以上	第一次+2	第二次+1	第三次+0.5	第四次+0.5	第五次+0.5	第六次+0.5	第七次+0.5	…	无记录0	3	13	
		艺术实践	第一次+3				第二次+2				无记录0	5		
		参加校内艺术社团或兴趣班	参加	任课老师在“班级主页”点击学生头像3秒选择“参加社团”点击“校内”，完成加分操作，+5							无记录0	5		

续表

<table>
<tr><th>一级指标</th><th>二级指标</th><th>项目</th><th colspan="8">测评细则</th><th>小分</th><th>指标得分</th><th>总分</th></tr>
<tr><td rowspan="4">学业指标</td><td colspan="2">基础知识（满分25）</td><td colspan="8">问卷星每年级各有25道选择题给学生测试，系统自动计分</td><td>24</td><td>24</td><td rowspan="7">91</td></tr>
<tr><td rowspan="3">基本技能（满分25）</td><td>精彩互评</td><td>第一次 +2</td><td>第二次 +2</td><td>第三次 +2</td><td>第四次 +2</td><td>第五次 +2</td><td>第六次 +2</td><td>…</td><td>无记录 0</td><td>6</td><td rowspan="3">21</td></tr>
<tr><td>优秀作业</td><td>第一次 +5</td><td>第二次 +5</td><td>第三次 +5</td><td>第四次 +5</td><td>第五次 +5</td><td>第六次 +5</td><td>…</td><td>无记录 0</td><td>10</td></tr>
<tr><td>教师评分</td><td colspan="8">任课老师组织集体测评，手动操作记录分数</td><td>5</td></tr>
<tr><td rowspan="3">发展指标</td><td rowspan="2">校外学习（满分10）</td><td rowspan="2">参加校外艺术社团或兴趣班</td><td>艺术实践</td><td>第三次 +2</td><td>第四次 +2</td><td>第五次 +2</td><td>第六次 +2</td><td>第七次 +2</td><td>…</td><td>无记录 0</td><td>6</td><td rowspan="2">6</td></tr>
<tr><td>参加</td><td colspan="6">任课老师在“班级主页”点击学生头像3秒选择“参加社团”点击“校外”，完成加分操作，+5</td><td>无记录 0</td><td>0</td></tr>
<tr><td colspan="2">艺术特长加分项（满分5）</td><td colspan="8">1. 有某项艺术（美术、音乐）技能或特长被认定为校级或区级艺术特长生，+5；
2. 本学期获得教育行政部门颁发的获奖证书（上传“学习收获”模块），+5；
3. 国家承认的考级机构或有专业院校组织的美术考级证书（上传“学习收获”模块），+5；
4. 符合1、2、3项不累积加分，无记录0分；
5. 任课美术老师通过审核后，在“班级主页”点击学生头像3秒选择“艺术特长生”点击“是”，完成加分操作</td><td>5</td><td>5</td></tr>
</table>

注：艺术特长为加分项，总分为105分。

（四）项目实施成效

（1）关注同伴参与度，实现全过程即时评价。点击某学生头像3秒便可出现此选择评价页面。在实施中，孩子们对这个“课堂参与度”指标分数十分重视，各项数据一目了然，而且直接关系到自己本学期的总分（见图 6－42）。

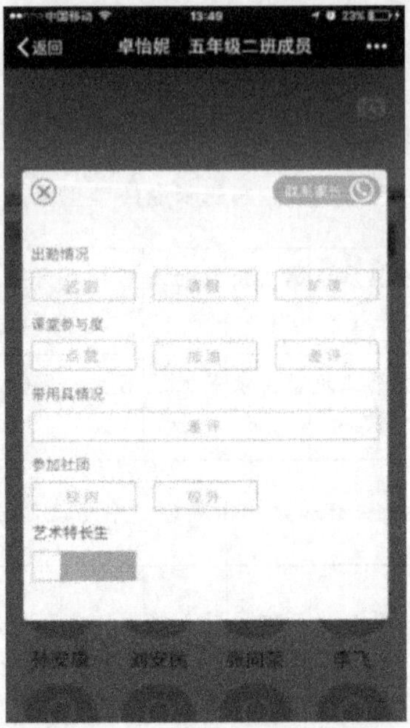

图 6－42　学生艺术教育评价维度

（2）同伴互评，让作品评价更精准。学生把自己的“美术作品”上传到平台后，多维同伴之间开展相互点赞或评价，师生交流，分享学习美术的感受、体会，或美术获奖情况等，并评选出“优秀作品”和“精彩评论”，一系列数据都纳入该学生的作品评价中。

（3）同伴分享，让艺术活动更精彩。学生将自己参与校内或校外艺术活动的有关照片、艺术欣赏、艺术小收藏、每学期和家人的一次合影及有关艺术实践的一切活动上传到个人空间，同伴之间可以相互欣赏、赞赏与评赏，达到相互感染的效果。

（4）数据过程化，形成个人成长档案。学生艺术档案微信平台的建立为每一个孩子创建一份珍贵的个人档案，创建一份孩子成长历程的纪念册，并在此基础上实现同伴分享、同伴学习与同伴互评，师生交流、评价，搭建一个互联网美术教育平台。现已在南头城小学 29 个班级推行试用，家长给孩子注册达 90% 以上，上传照片近万张，同伴点赞上万次，同伴互评近千条，推行至今得到家长们的支持和肯定，平台正进一步优化与更新。

四、案例四：搭建网络学习社区 提升家园共育水平[①]

——基于“百度传课”的幼儿生活技能指导

（一）引言

目前，我园幼儿基本上都是独生子女，在孩子生活能力培养方面，主要存在两种情况：一是对孩子照顾过度，孩子缺乏自我服务的机会，不具备基本的生活技能，如不会穿脱鞋袜、衣裤等；二是父母缺乏幼儿生活技能知识，不懂正确的教授方法。家庭在孩子生活技能教育上的缺失、不给力，不仅导致孩子适应幼儿园集体生活困难，而且给班级正常保教工作造成困扰，班级教师需要花费双倍的精力填补孩子们的能力空白。

孩子健康、快乐成长是家庭教育和学校教育共同努力的结果。家庭与学校之间是一种重要的互助互惠的伙伴关系，孩子是联系彼此的纽带。因此，双方保持教育观念、方式和行为上一致，换位思考、互相支持，各自发挥自身教育优势，形成教育合力，促进孩子健康、快乐成长，显得尤为重要。

面对所有家长在线开放《生活小能手》慕课，不仅向家长宣讲了正确的生活技能培养知识、方法，而且降低了学习成本，家长可利用碎片化时间，根据自身需要进行学习。更重要的是，借助信息技术手段，改变了过去孩子入园后集中式的家长培训，将家庭教育指导前置，帮助家长提前在家庭里让幼儿习得、养成基本生活技能，把孩子入园准备落到实处。

（二）活动概述

我们使用“百度传课”平台上开办的公益网校“3W 幼师学堂”（网址：http://www.chuanke.com/s3794490.html），上传《生活小能手》慕课视频，免费开放给全园家长在线学习，传授正确方法，指导家长在家培养孩子基本生活技能，帮助孩子形成基本的生活自理能力，做好入园准备，顺利、平稳地适应幼儿园集体生活（见图 6-43、图 6-44）。

---

① 本案例根据深圳市南山区龙海第一幼儿园吴建忠老师提供的资料整理。

图 6－43　在线学习，实现家庭教育前置示意图

图 6－44　百度传课“3W 幼师学堂”主页

（三）活动实施过程

1．制作视频教程序

我们根据学生与家长的需求，制作生活小技能视频，在“百度传课”平台的“3W 幼师学堂”上传幼儿生活技能培养的视频，包括穿衣服、鞋袜、系鞋带、叠被子、洗手、刷牙等基本生活技能，使用图示讲解步骤、视频呈现动作、童谣理解记忆等教学手段，让孩子学得愉快，父母教得轻松。

2．家长学习教育方式

家长进入“百度传课”网站，通过手机号或电子邮箱注册，登录百度传课后，输入“3W 幼师学堂”，找到幼儿生活技能教学视频，即可根据需要，选择相应的内容学习，获得正确的指导方式，培养孩子的生活技能（见图 6－45）。

3．家长与同伴共同完成体验

家长陪伴着幼儿根据视频教授的方式和方法，完成一些生活技能的现实体

图 6－45　《生活小能手》慕课（MOOC）页面

验，让幼儿在体验中感受家长的关怀与帮助，又得到了学习与锻炼。

（四）活动实施成效

1．家长与孩子一起学习的方式得到认可

家长对我们提供在线家教服务的方式非常认同，目前，在线学习《生活小能手》慕课的人次超过 500 人，好评率达到 97%。他们评价课程视频直观形象、内容丰富、方法简单实用、易于掌握，对培养孩子的生活技能非常有效。

2．家长与孩子同伴体验，成效显著

从 2016 年 9 月小班孩子入园表现看，经过暑假两个月的强化训练，超过 7 成的幼儿能自己穿、脱鞋；开学两周，哭闹不适应集体生活的现象基本消除。小班老师反映，本届小班孩子具有较强的独立意识、基本的生活自理能力，适应集体生活比较快，减轻了班级保育工作压力，可以将更多精力放在孩子良好行为习惯的培养上。

3．家长与孩子同伴，促进了园校沟通

增进家庭与幼儿园、家长与教师之间的理解、信任与支持，结成亲密的同伴关系，充分发挥各自教育优势，形成“1 + 1 > 2”的教育放大效应，促进孩子健康发展。

第四节　师师同伴的实践案例

一、案例一：基于 MOOC 平台　促进教师同伴互助发展①

（一）引言

继续教育促进教师个人的专业发展，其学习主体与学习过程有以下显著特点：①工作、生活与继续教育学习的矛盾非常突出；②教师学习多体现在单位内或区域内同伴互助式的学习，具有较强的社交动机，同伴的教学经验被视为重要的学习资源；③教师作为学习者，有较强的自主学习意识和自学能力；④教师具有较强的学习愿望和需求，这与当今时代的快速发展对于教师自身发展提出的新要求密切相关；⑤教师学习趋于以“问题”为中心，渴望现学现用；⑥传统的以面授为主的教师培训，内容偏重理论，培训方式机械、刻板，缺少生生互动，师资水平要求高，耗时耗力，参训教师积极性不高，从客观上造成了工学矛盾。

与传统继续教育形式相比，基于 MOOC 的培训方式就有了较大的优越性，首先突破时空界限，可以进行大规模培训。譬如课程内容提前公布，包括精心编写的学科案例，供学员阅读讨论；学员可观看课程微视频，阅读辅助文本材料；参与问题研讨，提交课程作业，对 3～5 名同伴的作业进行互评；与指导教师和课程助教及其他学员充分互动等，展现了一种新型的网络学习形式。MOOC 能够为学习者提供名师名课的学习资料，并且能够吸引学习者积极参与、互动、完成创造性作业等，赢得了教师的青睐。在南山区，MOOC 平台已经成为教师继续教育课程的重要支撑，服务于教师的专业发展。

（二）项目概述

1. 建设教师同伴互助长效支撑平台

南山教育 MOOC 平台已经建设成为一套具有南山特色的课程资源平台，主要

---

① 本案例根据深圳市南山区教师发展中心马云涛老师提供的资料整理。

特点为：课程学习材料以区域内相互认可的教师（同伴）讲授的微视频为核心，可以在视频中设置内嵌测验题、设置课程学习周期，支持主观题同伴互评等功能，有一体化且简洁的学习界面，有支持用户投票推选热门话题的讨论区，具有强大的教学组织管理与课程学习服务能力。平台支持课程开发与管理、学生学习、教学服务、教务管理、大数据分析等"全学习周期"服务；既支持开展MOOC形式的学习、也支持基于资源的网络学习；具备继续教育选课管理与学分管理功能；平台面向校长、教师、学生和家长等教育用户提供网络学习服务；很好地适配移动终端设备，能够支持"泛在学习"；与南山教育大平台无缝衔接，实现统一用户、统一认证、统一门户、统一信息推送等特性。南山教育MOOC平台强大的功能保证了学员学习的便捷性和学习效果，形成了教师继续教育稳定的长效课程支撑平台（见图6－46）。

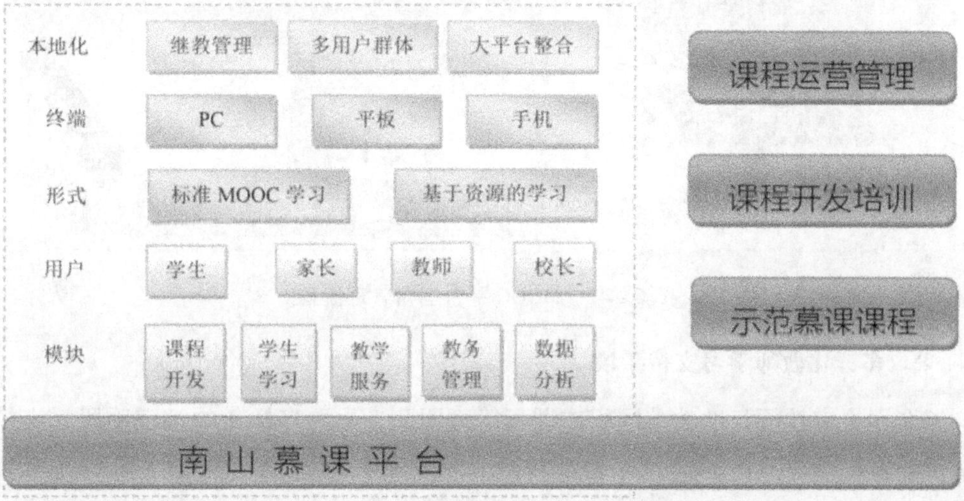

图6－46　南山教育MOOC平台结构图

2. 建立教师同伴互助成长课程支持体系

以建立教师同伴互助成长课程支持体系为目标，强化MOOC培训与面授培训互补的混合培训模式，大力建设MOOC培训课程资源，推进区域教育MOOC课程的开发和应用。采取以下课程建设措施：采购经过遴选的优秀MOOC课程；对传统的优秀面授课程进行MOOC化改造；通过组织MOOC开发大赛，不断面向区域内名师、名家和一线优秀教师征集MOOC课程资源。逐步建立MOOC课程建设与遴选标准，确定购买和征集课程两个渠道，特别是鼓励一线教师将有价值的教学经验开发成“在线课程”，形成教师同伴互助成长课程支持体系，确保课程资源能够持续不断地更新。

3. 建立同伴互助的平台运营管理流程

MOOC 平台运营分不同角色进行，形成三个层次的管理流程：“课程建设者”课程开发流程、“学员”选课学习流程、“助教”课程教学管理流程。课程建设者完成课程建设后，可以与助教团队共同管理课程的开课、学员选课、学习评价、支持服务、成绩认定等工作，共同服务于学员的课程学习（见图 6－47）。

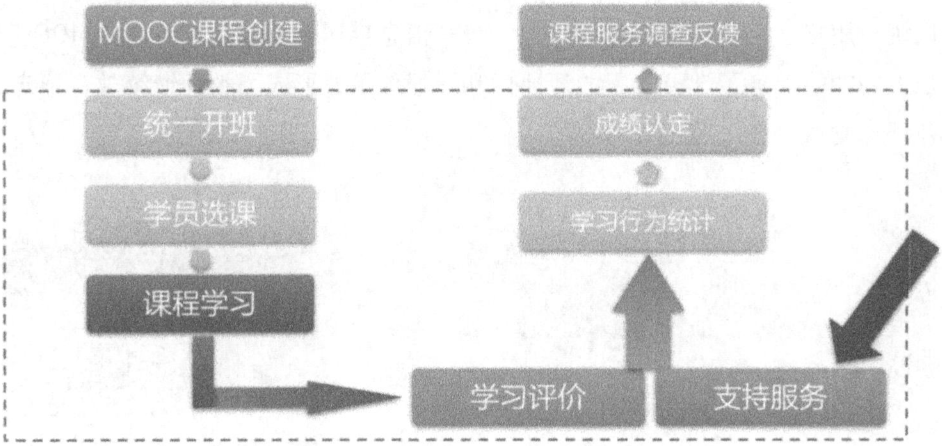

图 6－47　MOOC 平台运营管理流程

4. 采取多样化教师学习支持手段

课程主讲教师与助教共同组成课程管理团队，采取多样化的管理手段，支持学员的课程学习。比如通过平台课程的“公告板”发布重要事项、进行统整式支持，与学员传达课程管理信息，交流感情；创建 QQ 群体，通过群公告、群消息发布重要通知，并鼓励学员之间进行互助式支持；利用“课程讨论区”进行学习交流与答疑；在查看和互评作业时，可推选优秀作业，促进课程内容的内在更新，形成不断丰富的“超循环”；助教团队通过 QQ 群、微信群、短信等平台工具，及时提醒学员完成作业、催交作业，提高课程结业率。

（三）项目实施过程

1. 结合教育技术名师、学科技术导师培养计划遴选MOOC平台形成培训的模式

南山区教科中心2014年根据《关于全面推进“两区”建设，加快南山教育信息化发展进程的指导意见》文件精神，为了有效地创建、培训、选拔和管理南山区教育技术名师和学习技术导师团队，制定培养目标，即：为每所学校至少培养一名教育技术名师，为每所学校的每个学科至少培养一名学科技术导师。通过《微课设计与制作》《工具导览》《MOOC设计与制作》三门课程支持培养计划的实施，在培养计划实施过程中，广泛遴选优秀的课程支持平台和优秀的课程资源并试用。为MOOC平台的建设和应用提供实践支持，形成了基于MOOC平台促进教师专业发展的基本思路和模式。

2. 配合教师继续教育打通自主选课获得学时及学分管理的通道

在《国家中长期教育改革和发展规划纲要（2010—2020年）》中将继续教育列为教育的八项发展任务之一，并提出加快发展继续教育。作为一名教师，不学习就不能提高自身的业务水平，教学将无以为继。和南山传统面授的教师培训不同，MOOC平台能够让人自由地依兴趣选课，让培训远离“枯燥”并回归求真爱知的本质。教师的专业成长，是个人在专业知识、技术能力等方面不断改进与拓展的行为过程。从管理者角度看，继续教育管理要做到“人本化”，即尊重教师的个性需求，其核心是促进每一位教师的主动发展，MOOC的按需选课功能就可以实现。同时继续教育对于每位在职教师具有普适性的要求，既能够促成教师的共同需求，又能够完成省级、市级和区级等教育行政主管部门对于教师继续教育课程内容的规定与要求。既有个性化，又有统一性。

南山MOOC平台集合了全国优质的课程资源，专注于教师继续教育、终身教育等在线课程资源研究与开发，致力于为南山教师用户提供一流的在线学习服务，践行“互联网+教育”的理念。深圳市鼓励区级在线开放课程教学质量认定标准，将通过区级认定的在线课程纳入广东省教师继续教育学时认定方案和实施计划。在保证教学质量的前提下，鼓励区级教育局开展在线学习、在线学习与传统面授等多种继续教育方式的学分认定、学分转换和学习过程的认定，从根本上打通了教师在线学习并获取学分的通道。

3. 利用非正规的同伴教育广泛传播 MOOC

“非正规的同伴教育”是指在朋友、社会群体和网络中进行的、同伴教育者以同伴的身份告诉其他人群在培训中学到的某些内容或者问题。南山教育科学研究中心统一策划、编排、拍摄的十期 MOOC 达人视频，通过区域首批 MOOC 课程建设者的讲述，以同伴影响同伴的方式，广泛传播 MOOC 学习的理念和方法，形成了课程建设与应用的良好氛围，让广大教师理解 MOOC、学习 MOOC 课程、参与开发课程等。譬如“南山教育 MOOC 达人之龚振老师”，龚振是南油小学的副校长，他喜欢观看教育电影，想将教育电影分享给更多的教师，使他们从电影中获得一些启发。所以他利用一年的时间准备 MOOC，寻找影视资源，把电影里的精华与教育的相关因素寻找出来，设置 MOOC 课程目标，制定课程架构，录制 MOOC，在南山教育 MOOC 平台上发布课程。在分享教育电影的同时，也把课程创建的过程展示给广大教师，分享了自己的教育智慧，使区域教师受益匪浅。龚校长的《教师电影课》也成为最受教师们欢迎的继续教育课程。

4. 建立两个结合的混合学习方式

两个结合的混合学习方式，即线上和线下结合、自主学习与同伴互助结合的混合学习方式。通过无形的媒体发布信息，如微信、QQ 群、微博等，都可以统称为线上活动；在固定地点，面对面沟通交流，可称为“线下”。通过基于 MOOC 课程学习的开展，形成各层面的学习共同体，基于线上和线下、自主学习与同伴互助，形成混合学习方式。

广大教师可以利用 QQ 群讨论 MOOC 课程学习过程中遇到的问题，寻求群中助教和同伴的帮助。譬如南山学科技术导师群有 1200 多名学员。学员可以在 MOOC 课程内容设置里面发帖，助教及时回帖的方式学习交流，我们称之为“线上”。平日里，繁忙的教学工作让教师焦头烂额，所以泛在学习的理念号召教师不论何时、不论何地、不论何种情况都可以进行自学和互学。广大教师可以在学科组、办公室、学校内部，面对面交流课程学习的难点，相互帮助，完成学习，我们称之为“线下”。

5. 支持教师专业成长服务学生的终身发展

通过 MOOC 学习促进教师习得信息时代多元的学习方式，提升专业素养，为学生的终身发展服务。信息时代，教师如果只是单纯教授知识，则会沦为等同于学生学习终端的尴尬情境。教师必须教给学生适应时代发展需要的学习方式。教师通过 MOOC 平台进行学习，在促进个人专业发展的同时，习得了信息时代多元的学习方式，才可能在教育活动中对学生的学习方式进行引导、影响。

（四）项目实施成效

1. 利用平台，促进同伴互学方式改变

2015 年 10 月份 MOOC 平台正式上线运行，面向全体教师开设继续教育培训课程。南山教育 MOOC 平台上线一年多来，面向教师开设了 218 个教学班，选课达 3.4 万人次，提供学时总数达 30 万节。仅 2017 年 3 月这一期，教师选课就达到了 12.1 万学时。

2. 通过活动，推进同伴资源整合

在 2016 年 12 月举行的首届南山教育 MOOC 开发大赛颁奖大会上，对 45 位课程开发者及团队颁发了奖项，其中 5 名教师及团队获得特等奖，15 名教师及团队获得一等奖，25 名教师及团队获得二等奖。来自一线教师的优秀课程持续增加，南山教师感受到了在同伴助人与互助之中的共同进步与价值体现。有更多的老师已经把 MOOC 学习的成果积极地应用在日常的教学活动中，还有更多的教师投身于 MOOC 开发和学习中，南山涌现出一大批热衷于 MOOC 制作的教育先行者。

3. 师师同伴学习，促进区域教育发展

在移动互联网高速发展的今天，互联网技术对于教育的影响在不断加深，基于 MOOC 的教师培训方式得以应用和普及，使得教师内在知识结构不断更新、演进和丰富。南山教育 MOOC 平台整合培训课程资源，汇聚教师成长需求，以常态化的网络学习研修促进教师的专业发展。在此过程中，基于学习流程的同伴提醒，基于学习内容的同伴互助，基于教学方法和思想的同伴影响，在线上线下同时体现教师同伴互助在教师专业发展中起到了关键的作用。有着相同课程学习需求的教师群体，以同伴互助研修的方式进行交流、研讨、反思跟进，有效地促进了教师群体分享教学经验和智慧，将个体的教学经验升华为群体的专业发展课程资源，从而有效地增强了教师团队的教学专业能力，最终为区域教育提供更好的教育服务。

（五）项目反思

随着基于 MOOC 平台及课程的应用和推广，不断涌现出支持教师专业发展和学生个性化学习的 MOOC 教学资源，为我们探索支持教师专业发展和培养学生自主学习能力提供了机遇和挑战。经过几年的实践，反思如下：

首先，继续教育 MOOC 课程通过率普遍不高。由于是线上学习，学习成本低，部分教师出现选课不学习、忘记提交作业和错过互评作业等问题，导致不能通过课程。部分老教师对于在线学习所需的技术有焦虑感，导致在心理上排斥 MOOC 课程，不能很好地融入互助学习的氛围之中，有被边缘化的趋势。

其次，教师自身专业成长的内在动力还有待进一步激发。部分教师选学 MOOC 课程的主要目的是获得继续教育学分，在学习过程中应付了事的情况普遍存在。

再次，MOOC 课程建设的持续性支持不够。平台的发展和教师专业能力的提升，其本质是靠优质的课程，目前的教师考评和激励机制还不能很好地支持教师投入大量的时间和精力进行 MOOC 课程的设计开发。

最后，基于 MOOC 课程的同伴互助管理机制还未得到很好发挥。招募并组建的助教团队，没有能在课程内容的学习上给予学习者更多的支持，而是将大部分精力用到提醒学习者交作业、帮助未按时提交作业的学习者补交作业和帮助错过互评的学习者手动评价作业等方面。

参考文献

[1] 教育部《教育信息化“十三五”规划》的通知 [EB/OL]. 2016-06-07.
[2] 王晨，刘男. 互联网+教育移动互联网时代的教育大革命 [M]. 中国经济出版社，2016.
[3] 人民网《中国学生发展核心素养》[EB/OL]. 2016-09-14.
[4] 何克抗，吴娟. 信息技术与课程整合的教学模式研究之一：教学模式的内涵与分类 [J]. 现代教育技术，2008 (7)：5-6.
[5] 南国农. 信息化教育概论 [M]. 北京：高等教育出版社，2004.
[6] 教育部关于《国家中长期教育改革和发展规划纲要（2010—2020 年）》[EB/OL]. 2010-07-29.
[7]《教育信息化十年发展规划（2011—2020 年）》[EB/OL]. 2012-03-30.
[8]《2017 地平线报告（基础教育版）》[EB/OL]. 2017-9.
[9] 光明网《“互联网+”激活更多信息能源》[EB/OL]. 2015-07-01.
[10] 中国文明网《让“互联网+教育”托起未来和希望》[EB/OL]. 2015-03-03.
[11] 豆俊杰，王强. “互联网+教育”：冰火两重天 [N]. 中国教育报，2015-05-04.
[12] 周鸿祎. 周鸿祎自述：我的互联网方法论 [M]. 北京：中信出版社，2014.
[13] 任苇. 同伴教育：理论与实践 [M]. 社会科学文献出版社，2014.
[14] 黄荣怀，刘德建，刘晓琳，等. 互联网促进教育变革的基本格局 [J]. 中国电化教育，2017 (1)：7-8.
[15] 罗玲，彭少峰. 同伴教育研究评述 [J]. 社会工作，2015 (01)：116-117.
[16] 曹红梅，徐晓阳. 同伴教育：农村留守儿童性安全教育的有效方式 [J]. 学术前沿，2013 (2).
[17] 季和平，徐会利，李书明，等. 流动人口中实施艾滋病同伴教育的可行性

研究［J］．中国全科医学，2011（23）：2633－2635.

［18］蒋晓．同伴教学的理论与实践［J］．教育评论，1986（2）：58－59.

［19］唐斌．社会工作专业干预下的同伴教育——以上海市 P 镇“女性戒毒沙龙”为例［J］．青少年犯罪问题，2008（6）：68－71.

［20］赵婧．同伴教育在社区戒毒中的应用模式探析［D］．上海：复旦大学，2009.

［21］陈颖．同伴教育项目有效性研究［D］．北京：中国青年政治学院，2009.

［22］陈培霞．同伴学习理论在当代教育心理中发展之研究［J］．内蒙古师范大学学报（教育科学版），2012（10）：48－49.

［23］Bond K，Wolf C. Social Network and Peer Promotion Program：Method Logical Advances［J］. American Public Health Association Conference，1998，2：56－58.

［24］Flora Cornish，Catherine Campbell. The Social Conditions for Successful Peer Education：A Comparison of Two HIV Prevention Programs Run by Sex Workers in India and South Africa［J］. Am J Community Psychol，2009，44：123－135.

［25］Amy Medley，Caitlin Kennedy，Kevin O' Reilly，Michael Sweat. Effectiveness of Peer Education Interventions for HIV Prevention in Developing Countries：A Systematic Review and Meta-analysis［J］. AIDS Education and Prevention，2009，21（3）：181－206.

［26］Sussman M B. The Development and Effects of A Model for Training Peer Group Counselors in A Multi-ethnic Junior High School［J］. Dissert Abst Int，1973，34：626.

［27］Caroline Sanders，Jane Seymour，Amanda Clarke，Merryn Gott，Maddie Welton. Development of A Peer Education Programme for Advance End-of-life Care Planning［J］. International Journal of Palliative Nursing，2006，112（5）：214－223.

［28］Jennifer Ward，Gillian Hunter，Robert Power. Peer Education as A Means of Drug Prevention and Education among Young People：An Evaluation［J］. Health Education Journal，1997，56：251－263.

后 记

书稿完成在即，感慨萌生。与众不同的是我并不是欣喜，而是忐忑不安。主要原因是我认为对一名教育一线的实践者而言，好像研究一些教育理论与我相隔甚远，但在不知不觉中，我的思想与这些文字编织在一起，绘制出了“同伴教育”蓝天中的一朵白云，希望它飘得更远、更广。

“同伴教育”这个主题进入我的视野，应该追溯到10年前。当时我的儿子才四岁，带他出去时他总是想与比他大一点的小孩玩，而且玩得非常开心，经常玩得不想回家，由此让我对“传统同伴”这一概念产生了质疑。孩子上小学后，小区内的小孩由于种种原因，到了不同的小学上学，导致孩子“实体的同伴”越来越少了。再加上学业，孩子大部分时间是在“家”这个狭小的空间活动的，孩子开始失去“童真”。我和妻子偶尔陪他玩一次，孩子那种开心劲让我看着“心疼”，更让我坚信了“同伴”是建立在“同伴相互认可”基础上的，不存在年龄与背景等因素影响。由此，我产生了生生同伴、师生同伴、家长与学生同伴，以及社会人士与学生之间建立同伴的基本理念。

随着互联网的发展，我尝试着为孩子建立自己的博客空间，将他那稚嫩的文字发到网上后，开始是一些亲戚朋友给他送“小红花”，后来被老师推荐给班级同学，再后来有了越来越多的访客，同伴对孩子文章的分享与评论，让他又找回了儿时的那种“童真”。通过这一系列行动与体验，让我产生了开展“智慧互联时代混合式同伴教育理念与实践”研究的决心，于是就有了本书的一些粗拙的文字与表述。

本书能顺利问世，专家与领导的指导不可缺少。我在研究过程中，得到了广东省教育厅基础教育与信息化处研究员林君芬博士、南方科技大学赵建华教授、深圳大学曹晓明博士和他的团队、深圳市南山区教育科学研究中心余耀贤主任以及我所在信息中心团队给予我的支持与帮助。

我的名师工作室成员是实施同伴教育的主力军之一。他们边学习相关教育理论，边协同探讨，将理论用于实践，通过解决教育的实际问题提升教学能力。他们敢于转变观念、大胆探索的勇气和善于解决实际问题的本领，是同伴教育顺利进行的重要前提。

在此，对直接或间接地支持与实施同伴教育的人们，致以衷心的感谢！

石义琦

2018 年 4 月于深圳